Sing like no one's listening,
love like you've never been hurt,
dance like nobody's watching,
and live like its heaven on earth."

Mark Twain

去愛吧，
就像不曾受過傷害一樣。

i let love in

水瓶鯨魚

alice chang

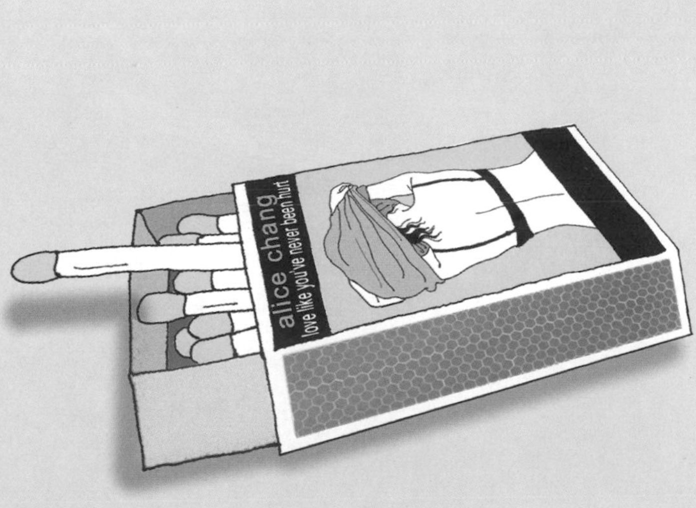

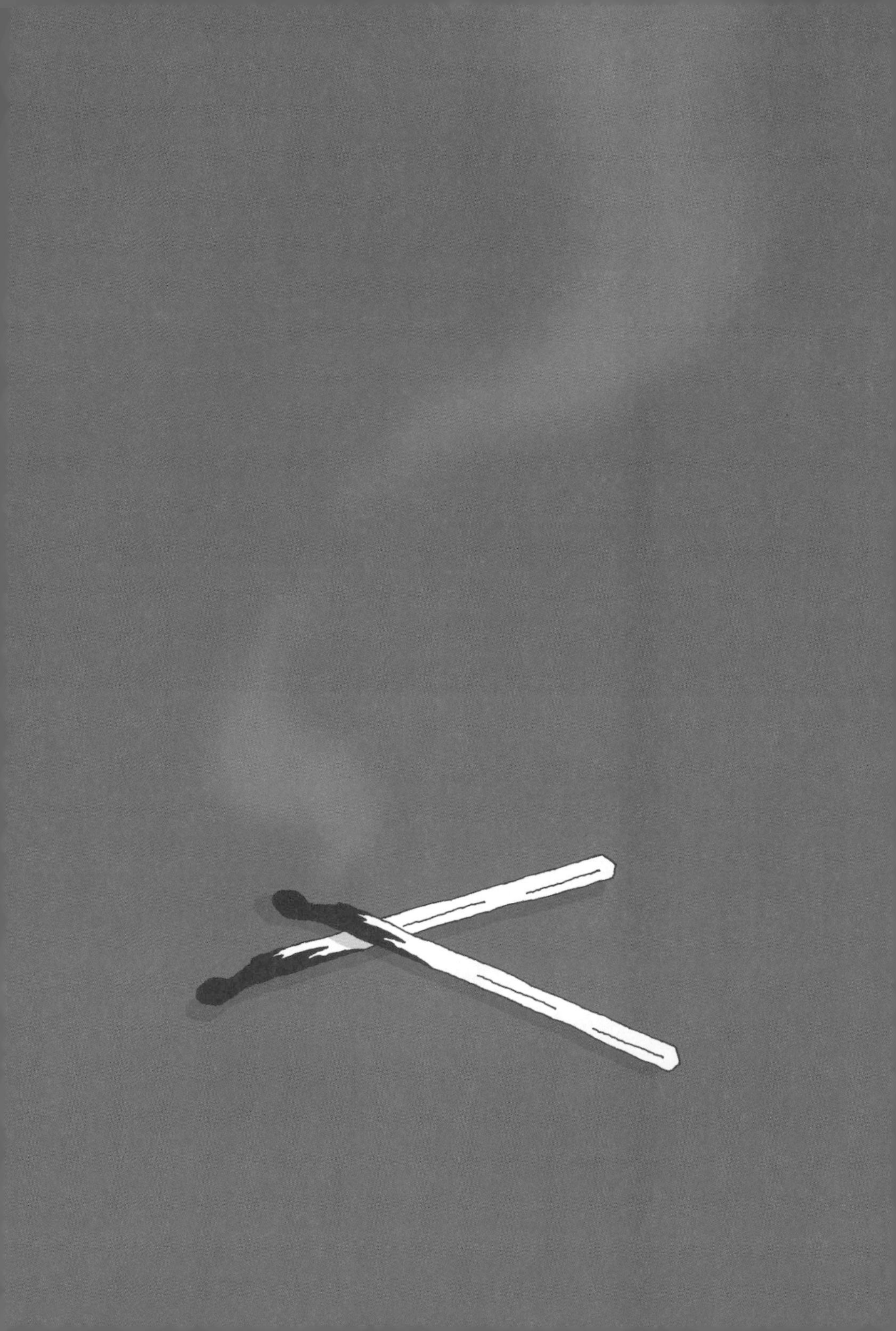

世界上最心酸的，
不是，我不會再談戀愛，
而是喪失義無反顧的力氣去愛。

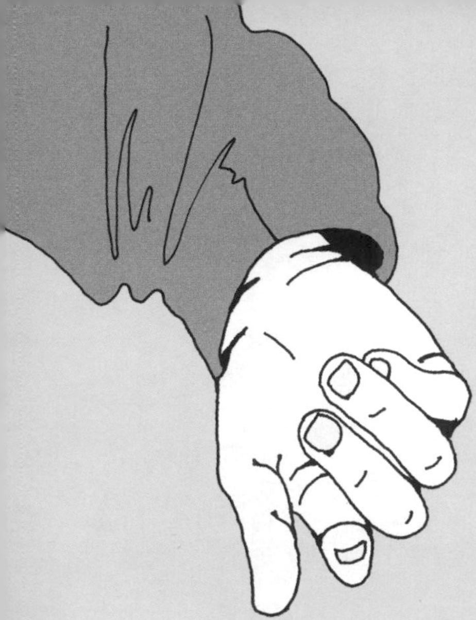

contents

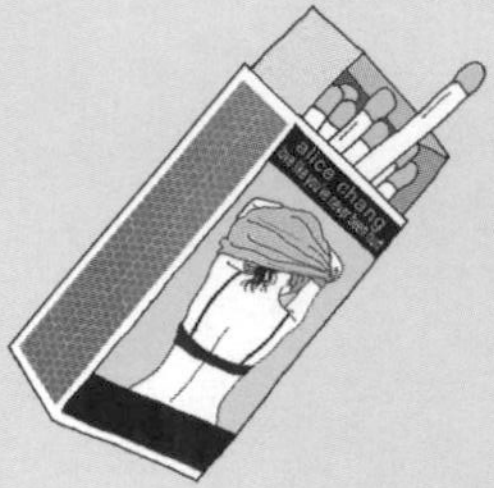

如果，你仍深愛著一個人。

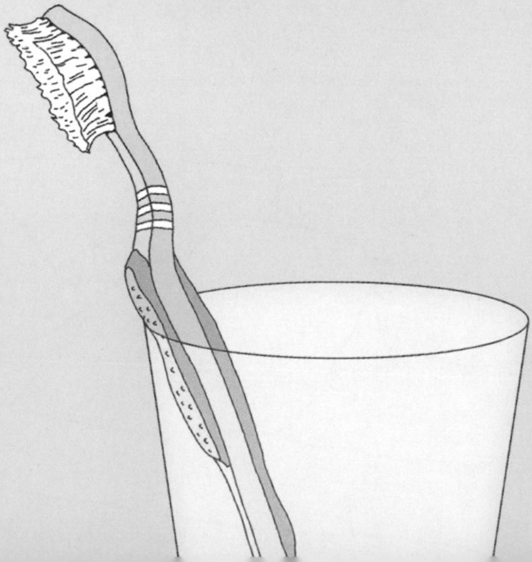

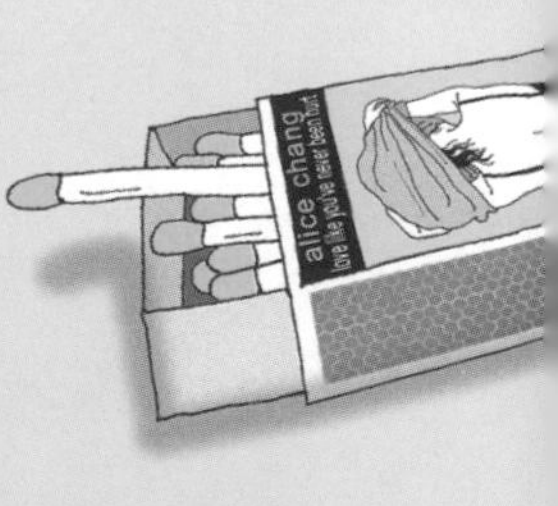

健忘，總比記恨好吧。

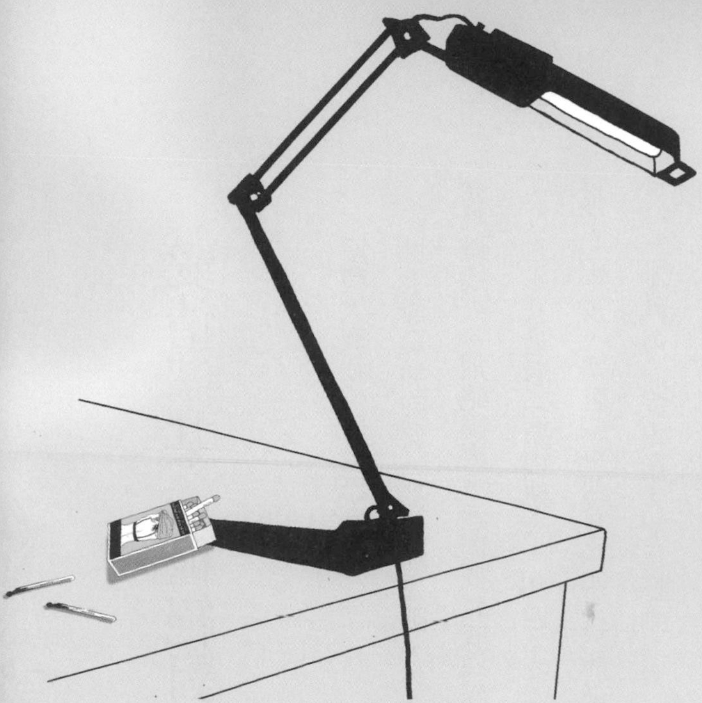

去愛吧，就像不曾受過傷害一樣。

愛情，某一種絕對作品。

沒有人教我如何遺忘。

世上最炙熱的愛，都是煙火吧，才會如此炫麗奪目，只有不死心的人，才願飛蛾撲火。飛蛾撲火，就需要有成爲屍體的覺悟。

二十八歲看「新橋戀人」和四十多歲看「新橋戀人」有什麼不同？無法言語了，年長，總有些東西會忘記，只能從記憶片段去推理。

二十八歲看完電影，記得憾動異常，隔一年跑去巴黎，煽情假裝浪漢一般抽著菸坐在新橋拍「到此一遊」照，雖然不是導演搭景拍攝的橋，秋日夜晚的橋上風很大、很冷。同年紀幾個友人在那幾年去巴黎，都做了同樣的蠢事。或許也因爲當年拍攝電影的導演李歐・卡霍（Leos Carax），正好跟當年的我們差不多同年紀，雖然電影在幾年後才在世界各國播放。

也或許，三十歲前，總有些衝動與浪漫，總有那麼一點，一點，即使不像

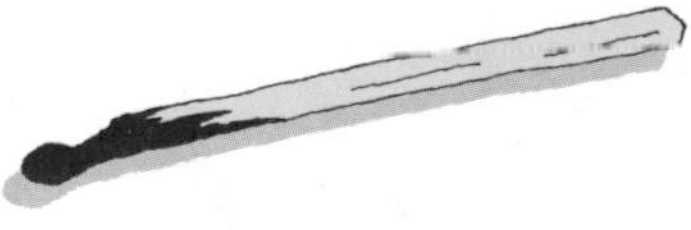

去愛吧，就像不曾受過傷害一樣。

劇中男女主角眼快瞎、腳跛了、心沒死，對，就因為心不死，於是擔憂年歲數字從二字頭變成三字頭，自己將變成另一種人。轉眼四十歲了，依然感覺電影中的浪漫與熱情，純粹與絕對、佔有與嫉妒，關於愛。

世上最炙熱的愛，都是煙火吧，才會如此炫麗奪目，影片中巴黎一整條大橋的燦爛光點，為偏執的戀人鼓舞，只有不死心的人，才願飛蛾撲火。飛蛾撲火，就需要有成為屍體的覺悟。超過三十歲還會這麼不實際嗎？或這麼浪漫嗎？

三十歲之前，對電影最深刻的台詞是：「天空是白的，雲是黑的。」

四十歲之後，卻只記起另一句台詞：「沒有人教我遺忘。」

唉，遺忘沒有聰明的老師，只有殘酷的時間。當你發現忘記的那瞬間，又抱怨起時間。我忍不住感慨起來，雖然不知道感慨什麼。抱怨的，也許是愛，所有的凡人都不可能生活在電影中，為保存愛的純粹本質，有勇氣逃離自己眞實環境……如同面對深愛的那個男人。導演卡霍也做不到，拍完電影，他跟女主角茱麗葉畢諾許結束了六年的愛情。

卡霍說：「如果我不在戀愛中，或者沒有找到一個我喜歡的女人，我就沒有感覺去拍電影。」

那麼沒拍電影的時候，卡霍都在做什麼？答案是：旅行、看書、談戀愛或者在家生病。看到「在家生病」，實在忍不住大笑出聲。

說眞的，卡霍的確是誠實的作者論導演，他每拍一部電影必跟片中的女主角戀愛，電影則是送給女主角的禮物，因此這位低產量導演從二十二歲到四十五歲只拍過四部電影，「男孩遇見女孩」（Boy meets girl）「壞痞子」（Mauvais Sang）「新橋戀人」（Les Aments du Pout-Neuf）「寶拉X」（Pola X）。閱讀前三部電影，都是十年前的事了，「寶拉X」倒是還沒機會觀賞。

其實這些年，我一直身陷在某個詭異的嚴肅題目：一個創作者的作品眞能如此純粹和自己切割開來嗎？又有誰能把虛構故事和眞實人生理性放在一種分離結構並忠誠書寫眞實情緒？我思考很久，一面避免把日記當成創作，另一面更厭惡刻意在作品中抽離自己或偽裝自己。創作者如果不能誠實面對自己，作品就無法有感動力。

沒想到再次複習卡霍，意外給了我一個特殊答案。

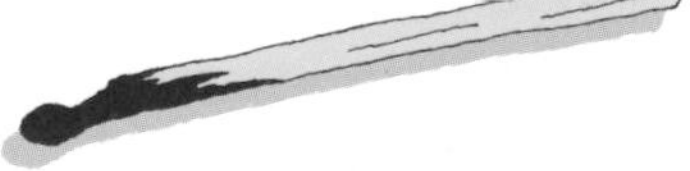

去愛吧，就像不曾受過傷害一樣。

原來，愛情卡霍的作品，他的作品，也是一種愛情。能這般誠實純粹去面對自己的作者，非常罕見。不是每個作者都會因要描繪一個轟轟烈烈的戀愛，就去嘗試一場死去活來的經驗；或想描繪流浪漢的生活，就過著居無定所的日子。

天蠍座的卡霍偏執反應在自己的人生和作品，幾部作品所描繪的邊緣性格人物中純粹愛恨與強烈孤寂觀點都很一致：愛是一場烈火融焰，即使在夜空中瞬間璀璨就殞落，都義無反顧。

這種飛蛾撲火般至死無憾的激情熾愛，不再是少女的我……偶爾會認爲：「唉，太浪漫了。」閱讀時，心底卻依然澎湃不已。

因此，看到韓劇「我叫金三順」劇中引用馬克吐溫名言：「去愛吧，就像不曾受過傷害一樣……」那一瞬間，身爲熟女的我，竟莫名回到少女時代，我也想要和金三順一樣——不曾受過傷害一樣，去愛吧。

牽手，有那麼困難嗎？

我好希望有一個可以公開承認的男友喔，
為甚麼愛情要躲躲藏藏？
我們可以上床、可以親吻、可以做任何事，就是不能手牽手？
牽手，有這麼困難嗎？

曖昧的淨土。

清晨，突然夢見他，晚上就意外遇到，簡直是神來一筆。

夢中，妳和男人什麼事都沒發生，只是眼神交換，溫柔深邃，卻讓妳睡醒後捨不得起床。

眞實的夜晚，如同夢境，什麼事也都沒有發生。

妳和男人只是去同一家餐館用餐時，剛好巧遇。他和他的朋友，妳和妳的同事，分坐在兩桌，距離三張桌子。妳和他微笑地打聲招呼後，各自回到座位。他的視線在妳身後灼熱，妳故意轉頭假裝探望牆壁上的手寫海報菜單，偷瞄著男人和友人聊天的側影。偶爾，你們兩個人的視線直接對上，都有點小尷尬，即刻以笑容化解。這一瞬間，妳感覺得出來，有某種東西在彼此心中發酵。

正處於完全發酵狀態中的是女性友人辛西雅。

辛西雅三十五歲，結婚三年半，上個月意外遇到上個公司的男屬下，男人

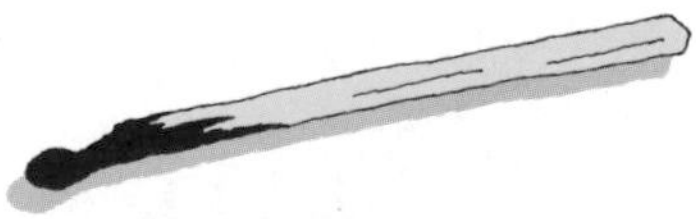

比她小兩歲，目前在另個公司擔任經理。吃過幾次敘舊和交換工作情報午飯後，辛西雅對男人有了好感，那個男人也對辛西雅表現出好感，雖然什麼事都沒發生，一種似有若無的甜蜜感和曖昧小動作卻讓辛西雅突然變成小鹿亂撞的小女孩……妳一面取笑辛西雅，一面也暗暗嘲笑自己，哎呀，自己也差不多，妳頂多沒有把自己的秘密公開，選擇放在心中。

曖昧，是一種超微妙的美妙關係，當妳發現自己有好感的人對自己也有異常熱烈情緒……中樂透，都不一定有這種興奮感。

妳擁有一些戀愛經驗，對這種感覺非常熟悉，可不可以再來一次？面對讓自己費洛蒙亢進的美食，誰會拒而遠之？這世上，會令人意志力薄弱的事，前兩名恐怕是：戀愛和美食。

「如果妳是我，會怎麼辦？」深夜，辛西雅戒慎恐懼地問妳。

「要說實話嗎？我以前是不擇手段一定要追到手。」妳笑著回答。

「眞的嗎？」辛西雅驚訝地，隨後埋怨：「可是妳未婚啊，我可是已婚呢。」

這倒是單身女性和已婚女性的差異，可是，妳沒告訴辛西雅，妳雖然是單身，也不是不曾任性追求或偷偷和已婚男人交往過、受過傷。

只是，夢中的男人對妳意義不同，只要看著他，隨便說說話，妳就滿足了。有時候，妳甚至懷疑自己對男人是沒有慾望的。妳最後選擇默默享受喜歡一個男人並被這個男人在乎的感覺，那是一塊純淨的區塊，溫柔美好，也因此，妳極害怕自己不小心破壞這塊區域，努力克制。

看著辛西雅少女般的心情，妳好羨慕，也小小憂慮，反而珍惜自己和夢中男人的這塊淨土，認識多年，這塊淨土仍然存在，男人散發出來的感情訊號仍像當初一樣，妳更不願意破壞或毀滅這塊感情淨土。

愛情的殘酷面貌，其實很像女人的絲襪，既脆弱又頑強，一被鐵絲勾到就破一個大洞，無法拯救；勒在頸上，卻足以斃命。

總之，妳從不想假裝強悍，也不願意搞到致命。妳很想對辛西雅說，某一種愛情的美麗，來自曖昧，不宜跨過城池；一越線，淨土再也不是淨土了。

妳想了很久，看著辛西雅泛著紅光的可愛笑臉，這種殘忍的話，下次再說吧，因爲幸福感有時充滿強烈感染力呢。

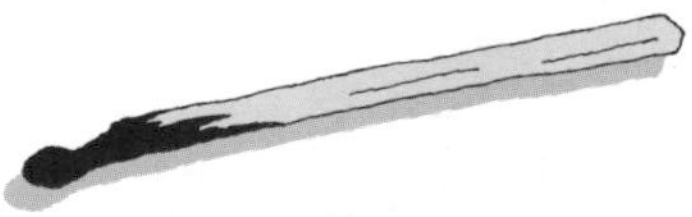

去愛吧，就像不曾受過傷害一樣。

愛情的殘酷面貌，其實很像女人的絲襪，既脆弱又頑強，
一被鐵絲勾到就破一個大洞，無法拯救；勒在頸上，卻足以致命。

你都不幫我介紹男朋友！

你有沒有一種單身女性朋友，每年生日願望都是：「我今年一定要嫁出去。」最常跟你說的口頭禪是：「你都不幫我介紹男朋友！」或者，那個人就是正在閱讀這篇文章的妳，嘿，不要躲，趕快承認，我下面要說的就是妳的故事。

我這樣的女性朋友至少有一打，年齡層介於二十五歲至三十五歲之間，先扣掉不積極交男朋友的、再扣掉剛失戀急著填補空缺的，剩下半打，統統超過五年沒談過戀愛。

這麼久沒談戀愛又那麼積極推銷自己，她們是不是長得太胖太瘦或太高太醜？錯，她們每一個無論是身材、相貌、穿著品味或工作能力都是中上之選。那一定是高不可攀的女強人類型囉？也不是。她們多數個性都很親切健談、打扮也很女性化，有的喜歡做菜，有的喜愛小孩或小貓小狗，甚至都極有男人緣，只是

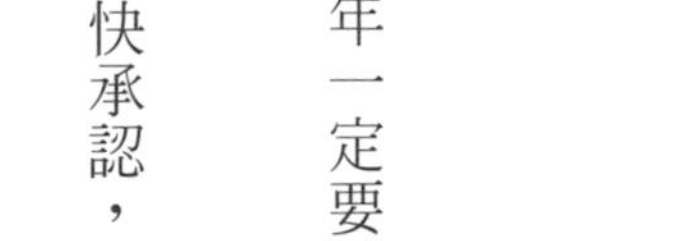

去愛吧，就像不曾受過傷害一樣。

一直交不到男朋友。

這時候，你大概會跟我其他朋友問相同的話：「她，是不是條件太高了？」

身爲她們的知己好友，老實說，我一半同意、一半不同意。因爲見識過她們曾經心儀的各式各樣男性們，確實不能說條件太高；而我同意一半的理由是，我竟不能歸納她們接受男人的範圍，這也可以說「條件高」的一種。

上週，好友蘇珊陪我去參加一個紅酒派對，派對中半數是雙雙對對的情侶，酒過三巡，她忍不住又開始撒嬌：「都不幫我介紹男朋友。」她當然不只對我撒嬌，而是順便試著跟其他人接軌，看看可否有新約會對象出現。

於是，熱情的朋友開始詢問：「妳有什麼條件？」

她說：「我沒有條件……」

「怎麼可能沒有條件？一定有。」

「我眞的沒有條件啊。」

大夥兒看我，我攤攤手說：「她眞的沒有條件，準確說，身爲蘇珊的好友多年，我壓根兒不知道她的條件是什麼。」

蘇珊任職於公關公司，是一個部門的小主管，長相甜美可愛，我曾因爲她過去跟水果行老闆、水電工、銀行員、廣告公司藝術總監、網路作家、微軟工程師等約會，充滿疑惑，因爲行業別差異太大，簡直無法歸類。

大夥兒聽到我這句話，彷彿得到授權般，開始仔細盤問起。

「那長得像蔡頭可以嗎？」

「不行，太醜了，雖然他有才華，還是太醜了。」

「戎祥呢？」

「長得滿可愛，可是他太胖了。」

「雙子座可以嗎？我有個朋友是雙子座……」

「不行，我跟雙子座不合。」

「那妳還是有條件嘛。」

「你們問的話，我才會想到嘛，可是你們舉例都太絕對了。」

「那妳總要說一個範圍啊。」

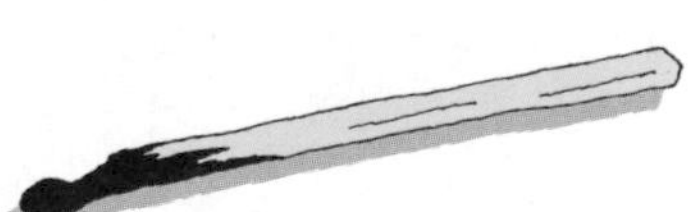

「可是這樣說也不準啊，搞不好長得像蔡頭的對我非常認眞，我也會感動；像戎祥的，講話非常幽默，我也會喜歡，要見到才知道有沒有感覺嘛。」

「……」

大夥兒無奈地看看蘇珊，又看看我，我也笑了，略開玩笑收場：「對啦，她就是那種去餐廳吃飯，你問她要吃什麼，她說都可以。點了螃蟹，才發現她吃海鮮會過敏。點了牛排，她信奉佛教，不能吃牛肉。很麻煩的女人。」

蘇珊又撒起嬌：「別這樣說嘛，我眞的不是很挑剔啊。我只要看順眼就好。」

我好想跟蘇珊說：沒條件，就是「最高」條件。「沒條件」跟「看順眼」意思眞的一樣啊。如果我要辦婚宴，不知道有多少人會參加，就眞的很苦惱該預訂多少桌。親愛的蘇珊，同理可證啊。

不過，因爲蘇珊那句撒嬌話「都不幫我介紹男朋友」，還是不乏熱情介紹之人，我繼續扮演著傾聽蘇珊那些失敗相親案例的好友角色，也很希望蘇珊終有一天可以遇到「看順眼」的男人。

你，願意當我男朋友嗎？

老實說，史丹利以前是什麼樣子，史黛西不太記得。

因爲那時候，史丹利是前男友的學生兼哥兒們，史黛西和史丹利不是很熟，當時史黛西和前男友正在熱戀中。多年不見，因爲前男友生日派對碰到，話匣子一開，兩個人竟聊起來，大概因爲兩個人是在場年紀較輕的男女，又剛好不小心坐在隔壁。

聽到前男友說：「這小子最近失戀了。」

史黛西想不出安慰話，酒多喝了兩杯，竟開口：「那要不要和我交往看看？」

史丹利愣了一下，態度靦腆。

前男友立刻笑：「妳這樣會嚇到他，史丹利跟我不一樣。」

前男友是勇猛直前、熱情放肆的那種男人，史黛西還記得當年他們根本不

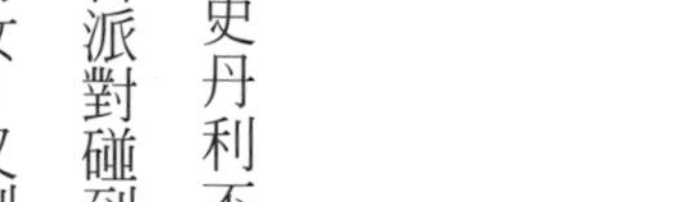

認識，卻在一次派對中玩「眞心話大考驗」的遊戲，被罰「接吻」，沒想到前男友竟來了一段法式蛇舌，一吻定情。

她轉頭問史丹利：「你有被嚇到喔？」

史丹利依然靦覥地笑。

前男友繼續說：「妳眞的嚇到他了啦。」

即使知道有點被嚇到的應是前男友，因爲史黛西從不曾、也不可能對他的朋友出手，可是，此刻話都說出口了，她還是忍不住開起玩笑。

「怎樣？如果沒被嚇到，來交換一下電話吧。」

史丹利略微猶疑，或許是因爲史黛西的前男友、他的老師在場，接著慌亂地開始找紙筆，並起身要跟店家要……這時候，史黛西終於笑了，說：「你老師都不會幹這麼笨的事。來，跟你老師學學。」然後把自己的手機拿給史丹利，要他撥電話給自己，揶揄地：「現在沒有人在抄電話啦，都嘛用手機互打……你老師把馬子都這樣，多學學。」

嘿，沒有拒絕，就是好的開始嘛，雖然很多事情無法預測。

而且，史丹利忙著找紙筆這動作，很可愛。

後來，她打電話私下問史丹利：「你眞的有被嚇到嗎？」

史丹利笑說：「怎麼可能？」

這時候，她應該再問一次：「那要不要來交往一下？」

可惜，史黛西沒說出口。

她認爲，第二次問就太過認眞了。

太久沒有談傳統戀愛，都忘了循序漸進的步驟。

成年之後的都會男女，交往好像都不用說出口，也不用問「你，願意當我男朋友嗎」或「妳，願意當我女朋友嗎」，對上眼，就自然而然在一起、莫名其妙上了床，甚至，跟朋友介紹，也都只說：「這是我朋友。」詭異的是大家都心知肚明：這是一對情侶。

即使，以前遇到情緒剛好、氣氛正濃的親吻好時機，若有男人客氣地說：「我可以吻妳嗎？」心底會罵「你豬頭啊」，這句話亂破壞情趣。現在想想，倒也挺可愛。

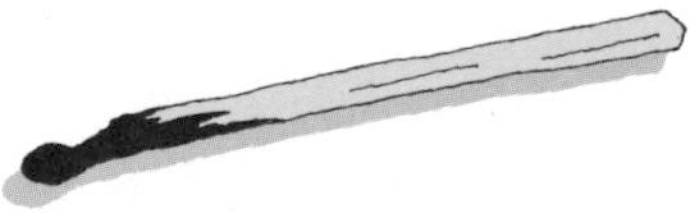

蘇珊笑說：「如果現在讓妳遇到一個適合接吻氣氛，卻依然很紳士先問：『我可以吻妳嗎？』這樣的男人，妳會愛上他嗎？」

史黛西即刻反應是：「別傻了好不好?!」想想，又修正：「也不一定，畢竟現在會先問『我可以吻妳』的男人很罕見。」

蘇珊立刻笑：「妳真的老了啦。」

「……」好吧，史黛西只能承認。

唉，二十歲出頭時，喜歡她的男生，至少都會小心翼翼問：「妳願意當我女朋友嗎？」讓她有機會靈敏地拒絕：「我們現在不就是朋友嗎？」現在，連這種機會都沒有了。

誰教我們總是在夏日懷念冬天；汗水淋漓的燥熱中，忘了寒風刺骨的凍瘡。

女人，喜歡男人怎麼吻她？

男女接吻有一百種方式，但，哪一種接吻最讓女人心跳？

日本知名綜藝節目「男女糾察隊」某個單元〈你有多了解女人〉，節目中找了一堆搞笑男諧星來做現場測驗，然後再公佈一千名街頭女性的問卷調查，考核這些男藝人了解女人的功力。

某一題是：「女人最喜歡的接吻方式？」四選一的答案，大約是這樣：

（一）先問妳，我可以吻妳嗎？妳答應了，才吻妳。

（二）兩個人含情脈脈，自然而然就接吻。

（三）約會時，忽然就吻了妳。

（四）送妳回家時，突然把妳拉過來，用力吻了妳。

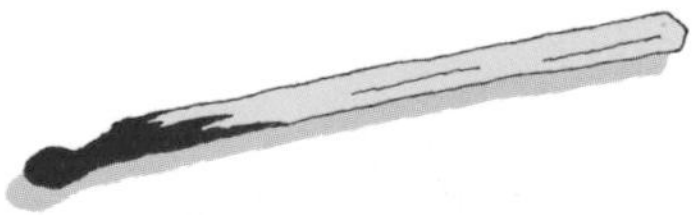

「好難回答喔，每個年齡層，喜歡的都不一樣吧。」和我一起看電視的蘿貝卡說。

說的也是，突然想起我的初吻，當年青春期的我被喜歡的男人問：「我可以吻妳嗎？」我可是心跳加速、滿臉通紅呢；如果現在還有男人吻我之前，竟然問我：「可以吻妳嗎？」我心底一定會想：「哇咧，我怎麼會和這種呆男人約會！」哈哈哈。

雖然很愛毒舌，性格卻浪漫的蘿貝卡選擇（二），她感覺接吻應該是一種盡在不言中的浪漫。

暫且先不管我和蘿貝卡的私下討論，呵，你的四選一，選好了嗎？

你認爲女人最喜歡是哪一種？

你選擇的答案跟我一樣嗎？

你和節目中一千個日本女人的統計調查一樣嗎？

寫到這裡，我還賣關子，未免太迂迴，哈哈哈。

既然本文討論的是綜藝節目，綜藝節目都喜歡有「提示」；提示你，我自己選的答案是標準答案喔，也就是那一千名日本街頭女性的統計報告的榜首。

你猜對了嗎？

結果，一千個街頭女性調查統計，最多女性選擇的答案是（四）送妳回家時，突然把妳拉過來，用力吻了妳。我也是。

你如果驚訝地問我：「這，不是太粗魯了嗎？」

那麼，你顯然沒受過日本偶像劇、韓國愛情劇的夢幻洗禮。

換言之，我問你，麻辣火鍋算不算粗魯？好好一鍋美妙的食物，幹嘛加一堆辣椒和花椒？想要辣死人、麻死人喔？根本毀壞食物原味！太粗魯！

哦，不。只有不合你胃口，才是粗魯；你喜歡的，叫做驚喜。

其實，大多數日本女生選擇了（四），只因爲女人們想像題目中吻了自己的男人，是自己心儀的人，而第四個答案最有戲劇效果，彷彿就像偶像劇中的女主角。

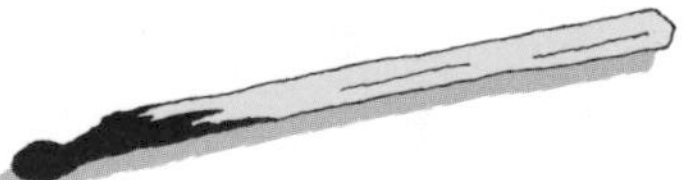

倘若是不喜歡的男人或陌生的男人幹這種事，剽悍的女人可能會去警察局告男人性騷擾；膽怯的女人會躲在棉被哭，或打電話給朋友訴苦：「我今天遇到一件很噁心的事，太噁心了！」

「對，只有我心儀已久的男人吻我、冒犯我、抱住我，我才會心動。」

所以，男人們請記住，可不要剛好看過那個節目或看了這篇文章的前半段，就冒冒失失把女人拉到懷中給她一個用力的吻，那麼有一天你吃上性騷擾官司，我完全不會同情你。

因爲對於女人而言，只有喜歡的男人，突如其來親吻自己，才會忍不住心跳；簡單說，上桌的菜，只有合口味的，才會被挑動食慾。

牽手，有這麼困難嗎？

三十七歲的女性朋友喬伊絲過生日時說：「昨天我作了一個夢，我夢到我交了一個男友，那是個陌生的男人，我和他，牽手走進一個派對，所有的朋友都微笑地看著我們，然後，我和他在派對中親吻……很自然的，像一般男女朋友一樣。」

「很自然的，像一般男女朋友一樣。」喬伊絲說完就哭了，無法抑止，嚎啕大哭。朋友們上去抱住她，或跟其他人解釋：「哎呀！她喝醉了。」「給她一杯熱檸檬水吧。」

我看著喬伊絲喝醉，沒做任何表示，卻抽起菸來。

前一天晚上，喬伊絲在MSN對話的結尾就是這句：「牽手，有這麼困難嗎？」

多年來，喬伊絲一直遇不到「可以手牽手走在街上」的男人，她遇到的男

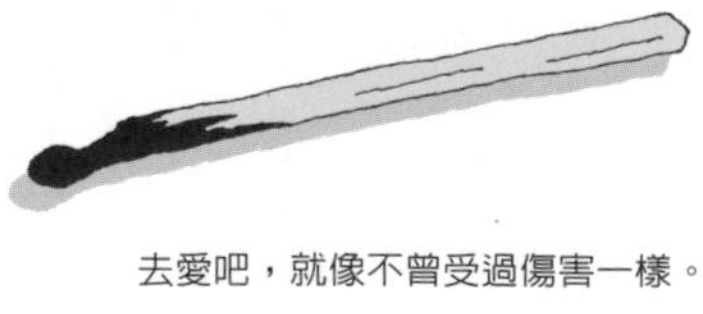

去愛吧，就像不曾受過傷害一樣。

人，若不是有婦之夫，就是有女友的，剩下的就是那些想要維持親密關係卻猶豫不決的麻煩都會單身男子。

先講已婚的男人，裡面有一半追求她的時候，根本沒提過已婚，事態不對，才和盤托出，並不是每個女人都具有徵信社職員的特質，會檢查到那麼仔細啊。喬伊絲也認了。

那麼有女友的男人呢？更多不承認，有的會找很糟糕的藉口：「我已經跟她提過好幾次分手了，她不願意……」或「她就是糾纏著我，念在多年情分，我不想傷她的心。」喂，你們分手是你們的事，你難道就不能把分手處理掉，再來追求我嗎？糾纏的那個，你不願傷她的心，就可以傷我的心嗎？都是胡扯。

那剩下的麻煩都會單身男子，雖條件各有優劣，卻個個自負，腦袋裡一致整齊裝滿標準畫面：「三十六C、二十四腰、三十六臀圍，年輕美麗，溫柔體貼。」AV片或泳裝畫冊滿足他們所有的情懷，如果能夠交上一個名模女友，「手牽手走在街上」這種問題怎可能發生在自己身上？當然巴不得立刻捧出去獻寶。

至於一般條件雖不錯，卻有點難搞的女人，男人們則三心兩意起來，畢竟中國美女更多，而且溫柔……想到要花這麼多力氣去追求台灣女生，就疲勞。

遇過幾個渴望釣到大魚、不知秤秤自己斤兩的單身男人，喬伊絲幾乎倒盡胃口，寧願跟已婚男子或有女友的男人交往，至少他們自知理虧，還懂得分寸。

深夜，喬伊絲說：「如果我可以活到八十歲，三十七歲還不到一半，爲什麼我遇到的男人都這樣？」喬伊絲又說：「好吧，如果我只能活六十歲，我的人生已經過了一半，我身邊女性朋友、男性朋友都結婚了，他們多數都不快樂，我不想跟他們一樣，我應該可以選擇自己的人生吧？」

當喬伊絲在MSN打了一長串字，我繼續抽著菸，卻無法回應。

其實，喬伊絲是個亮眼的女生，身高一七〇，從事廣告AE，一頭烏亮長髮，穿著性感得體，一口對話流利的英文，工作也小有成就，從不乏男人追，特別是外國男人，只是她不喜歡外國男人，她認爲連吵架都不能用母語，太累了。可是，從周邊男性找，聰明有膽識的都已婚，未婚的都自私難搞。

喬伊絲男人，是個音樂圈小有知名度的男人，前年剛跟老婆離婚後，半年前，他們因爲製作一個廣告配樂而結緣。男人離婚後一年，因爲他的藝人前妻剛

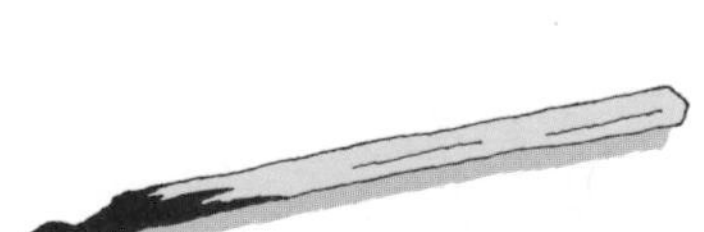

好接了一檔戲，離婚的事才因此被揭開，而男人願意在報刊雜誌訪問中坦承離婚的事，卻一點也不願意公開跟她在一起，他們連牽手走在街上，男人都跟她保持一前一後的距離。

喬伊絲曾因爲男人小心翼翼的舉動，主動提過幾次分手，卻都在男人柔情攻勢下心軟復合，男人希望喬伊絲能體諒他的處境，因爲他必須考慮前妻和七歲兒子的心情，特別是小孩。

「那誰來體諒我的處境？艾莉絲，妳認爲他眞的愛我嗎？」喬伊絲嗑藥般迷惘語氣，繼續說：「我好希望有一個可以公開承認的男友喔，爲什麼愛情要躲躲藏藏？我那麼見不得人嗎？我那麼差嗎？我們可以上床、可以親吻、可以做任何事，就是不能手牽手？牽手，有這麼困難嗎？」

清晨，我繼續嘆氣，又開了一瓶紅酒，無語置評。

四十歲的我，已經很少奢求「手牽手走在路上」的故事，因爲我常遇到的男人跟喬伊絲並沒有太大的差距，他們都在同一個國度。

爲什麼這些男人不願意去承擔這份感情？是害怕負責任嗎？我想了半天，

想起上一段戀情，男人說：「我好不容易自由，眞的不願意再掉入痛苦的深淵。」當時，我經常凝視著躺在床上睡著的男人，跟喬伊絲一樣，自言自語：你‧不‧愛‧我。刺痛地感覺自己的廉價。

喬伊絲在我的沙發上醉後清醒過來，要了一杯冰水，突然說：「也許，我不能怪男人吧，是我自己選擇的問題，我沒辦法愛上那些可以跟我牽手走在大街上的男人，覺得他們無聊，我喜歡的老是這一款，老是遇到這種貪心的男人，他們又要自由，又需要安全感……」

我說：「誰不是這樣呢？」

喬伊絲笑：「對啊，我省悟了，妳看，我和妳跟那些混蛋男人多像啊？都一樣貪心，都希望自由，我們只是沒有他們自私。哈。所以生日過後，我決定效法那些混蛋男人，誰說獨立自由的女人一定要寬容大量？拜託，牽手，有這麼困難嗎？」喬伊絲說完，一翻身又睡著。

誰說獨立自由的女人一定要寬容大量？牽手，有這麼困難嗎？喬伊絲醉酒後的神來一筆，讓我徹底愣住，直到現在還在想這句話。

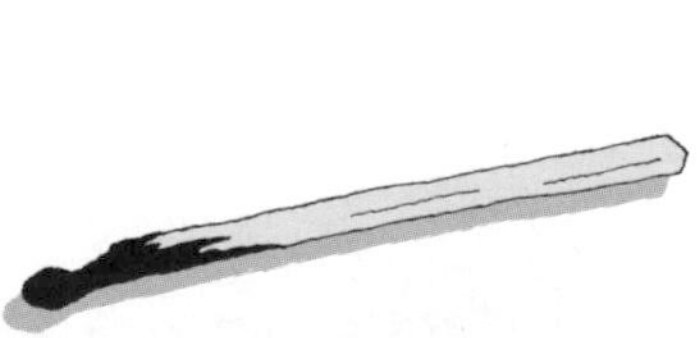

牽手，確實很困難……

什麼戀人最怕數字週刊？

這世代都會男女，「在一起」的定義比總統國務機要費和首長特支費還模糊，因爲根本沒有準確法律條款可比對。

十六歲以前的在一起，牽手就成立。

二十歲的在一起，親吻算某種成立。

二十五歲的在一起，上床是另種成立。

三十歲的在一起，有婚約承諾，可能是昏天暗地的成立。

三十五歲的在一起，即使牽手到天涯海角、舌吻到地久天長、床上信誓旦旦海枯石爛……當你們照樣出席在公眾場合，朋友問起身邊的他，都說：「喔，我朋友。」甚至，清晨七點從同一間房、一張床溜出，晚上七點在飯局假裝不認識，微笑說：「你最近好嗎？」

「好啊，非常好。」喬伊絲優雅的語氣，透露出殺氣。

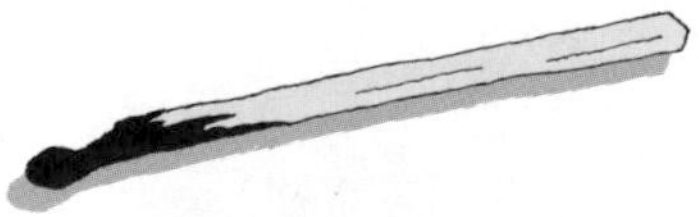

去愛吧，就像不曾受過傷害一樣。

「眞的，好到，我超想扁他一頓。」蘿貝卡的刀，直接亮出光澤。

喬伊絲和蘿貝卡年紀相差九歲，喬伊絲早過了三十歲，蘿貝卡還不到三十歲，近日卻同病相憐，因爲她們的新戀人都是演藝圈，而她們和戀人的關係都是在公眾場合相遇，都必須以一句「你最近好嗎？」作爲遮掩法則。

只是粉飾太平久了，兩個女人都累了。

喬伊絲的新戀人是電視製作人，和老婆分居一年，因爲兩個小孩，還沒離婚，爲了保護男人在這環境的聲譽，也讓自己自由，喬伊絲寬容了三個月，突然發現男人在公眾場合似乎和不認識的女人或女藝人反而態度親密，而她老扮演壁花，男人連一眼都不會瞄向她。

男人的私下解釋是：「我怕洩漏了痕跡，也不願意數字週刊拍到……」所以，男人不怕數字週刊拍到他和其他陌生女人卿卿我我的樣子，是這樣嗎？

蘿貝卡的新戀人是個廣告模特兒，也有類似的說法，主要是經紀公司不希望他談戀愛，他也不想被數字週刊拍到，阻礙星路。

蘇珊聽了半天：「那製作人又不是很有名，數字週刊不會想拍他吧？而那個模特兒，誰啊？哪家的？我怎不知道？」

「妳不知道嗎？有些人戀愛很怕數字週刊的。」

「拜託，那也需要兩個都很有名，或至少一個很有名。」

蘇珊的疑問，正是我的疑問，因爲不有名的戀人，即使十指相扣、在忠孝東路上舌吻，恐怕都不太有新聞賣點吧？並不是每件緋聞都可以上報紙和雜誌的，媒體比男人還現實吧。

聽到「媒體比男人現實」，蘇珊糾正：「不是吧？是她們的男人比媒體現實吧?!」

喬伊絲說：「我知道。」

蘿貝卡也說：「我知道。」

我還沒說完，兩個女人同時嘆氣。

之後，喬伊絲打電話給我：「我不知道該怎麼判斷，男人都愛面子，他以爲他具有足夠知名度，會是數字週刊在意的對象……我該老實說『你不是』嗎？」

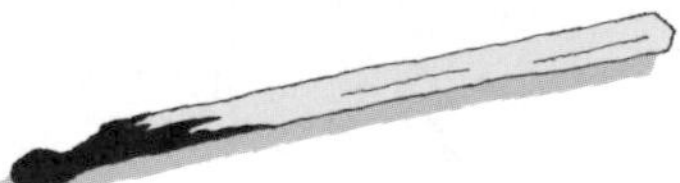

我沉默很久，我想說：「在傳媒圈工作多年的男人沒這麼不敏感，否則他如何生存？他一定知道自己的份量……」其實，我最想說：「他，不夠愛妳。」但，我沒說出口，因爲我知道喬伊絲是個很敏感的女人，和傳媒圈的老男人交往，不是第一次了，可能也不會是最後一次，她知道自己在說什麼，她只想找藉口，安慰目前的自己，因爲她還眷戀著，不捨那個男人給她的溫存。

接著，蘿貝卡在MSN叫我：「艾莉絲，我該勇敢一點去打他一巴掌嗎？今天的派對，他竟然跟車展的Show Girl親熱地肩靠肩……他的經紀人就在附近，他怎麼不怕？根本是鬼扯。」

我直接反應是：「本來就是鬼扯啊。」問題是，我說過很多遍了，我還要對蘿貝卡再說第一○一遍嗎？我才和喬伊絲講完類似電話，突然好累。

對於新人，什麼經紀人的告誡，都是鬼扯。這題目的答案是：如果蘿貝卡也是名模或藝人，有林志玲三分之一知名度，「不能戀愛」的條款，立刻解禁。蘿貝卡這麼聰明，不是不知道，只是氣得想發洩情緒。

隔一天，蘇珊問我：「然後呢？」

「什麼然後？」

「喬伊絲和蘿貝卡還會繼續跟她們的男人在一起嗎？」

「大概吧，至少還會拖一陣子。」

「她們那樣算談戀愛嗎？」

「算吧。六月和霍正奇也是談戀愛啊。」

「六月和霍正奇兩個都是名人啊，當然會在意媒體。」

「搞不好他們是未來的名人啊。」

「艾莉絲，這樣我就不懂了，誰知道誰未來不會變成名人，香港巴士大叔也是名人啊，那大家戀愛不就都要假裝？」

我立刻笑出來。然後，想到我一個藝人好友，出了唱片後說：

「唉，怎麼辦，我現在的身分，根本沒有機會談戀愛。」

「那出唱片以前呢？」

「我都在準備出唱片啊。」

哈哈哈。

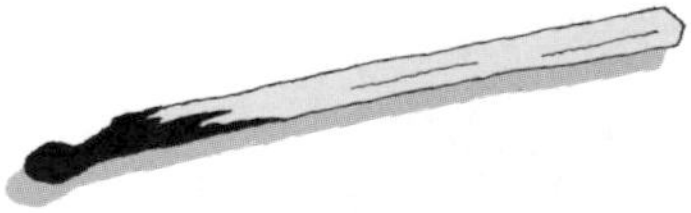

去愛吧，就像不曾受過傷害一樣。

妳害怕偷窺他過往的情史嗎？

沒有人對戀人不好奇，包括對方不想讓妳知道的秘密。

再直接一點好了，遇上一個喜歡的人，如果妳不是他的初戀，妳會追究他過去的情史嗎？或者害怕知道他過去的戀史？

由柴門文漫畫改編的著名日本偶像劇「東京愛情故事」女主角赤名莉香看到男主角完治童年照片，忍不住說：「好希望小時候就認識你喔。」

那是一種強烈愛戀的表達，喜歡一個人，總希望可以了解他的每一分、每一吋，並感嘆，爲什麼這個可愛的人有那麼多地方我竟然不認識？這來自愛的純善欲求，世界上有這麼好吃的巧克力，爲什麼我錯過享受機會？

而，當妳憤怒：「我這麼愛他，他卻要隱瞞他的事，他根本不在乎我……」則來自獨佔慾，爲了滿足自己的慾望，妳希望對方對妳誠實坦白，很抱歉，那跟妳付出的愛無關，跟妳自己有關，請不要說：「我這麼愛他」，說實

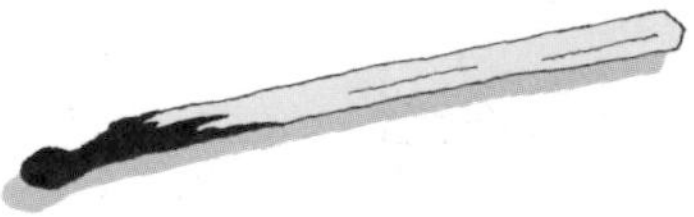

去愛吧，就像不曾受過傷害一樣。

話，妳比較愛自己。

至於，每天恐慌花很多氣力追查他的統一發票、手機來電、簡訊、MSN名單、E-mail信件，妳振振有辭：「他總是偷偷摸摸，我哪知道他暗地裡在幹嘛？我受不了別人欺騙我。」事實上，妳不是受不了被欺騙，妳害怕自己「識人不清」，妳怕受傷害，妳怕對方根本不愛妳，妳厭惡自己的沒自信。

是吧，凡談過幾次深刻戀愛的人，應該都體驗過擁有各種善變念頭的自己，有時候不願意承認，有時候不希望自己變成那樣討厭的女人。

老實說，不只是女性會有這種念頭，我許多男性朋友也一樣，當然我也不例外，總有某種對戀人過往偷窺的念頭。

只是，這種慾望有多麼強烈？針對每個人的特質，或星座，或血型，或紫微，或靈數，大家表現各有強弱差異。

雙魚座的蘇珊煩躁地說：「我寧願不知道他任何故事，因爲我太容易胡思亂想。」

雙子座的蘿貝卡爽朗說：「如果他願意說，不錯啊，大家互相研究一下。」

天秤座的喬伊絲說：「我不會主動問他，他要說，我就聽一聽……我會努力讓自己不在意。」

射手座的史黛西說：「這是對等的吧，他如果要講自己的情史，也必須聽我的情史，我不想當單一的垃圾桶。」

辛西雅說：「抱歉，我是會嫉妒的天蠍座，我可以禁止他講嗎？」

史丹利說：「唉，我討厭我的星座，處女座太細心，她講的每一段感情，我都很難忘記，而且會一直比較……」

唔，史丹利比想像中還細節。蘿貝卡嘟噥：「我最討厭，他超愛誇耀他以前的豐功偉業，像說書一樣，卻禁止我講我以前的戀愛……」

喬伊絲感嘆起來：「禁止妳講，至少表示在乎吧，因爲不想聽到妳跟其他男人的事。我遇到的男人，老猜測我跟我身邊每一個男人是否有過一段？亂七八糟。他對自己完全保護，什麼都不講，除非有家庭事務要取消約會，會提到他跟老婆有事……。」

「不，他猜測妳跟每個男人是否有瓜葛，這是嫉妒，是愛的一種。」

「他可以直接問我啊，何必猜來猜去？我對他這麼坦白。」

「對於嫉妒的人，哪可能直接問啊?!」辛西雅笑出來。

沒想到這話題一開就停不了，從「偷窺」到「被偷窺」，從「坦白」到「傾聽」。那麼，究竟願意傾聽女人過去戀情的男人好？還是不願意聽女人過去戀情的男人好？哪一種代表在乎呢？而哪一種又代表寬容？

「這跟年紀有關吧。」

「我的男人都五十歲了，還不是很在乎。」

喬伊絲說：「我遇到的男人有二十八歲、也有四十五歲，我認爲跟年紀無關，跟個性有關。」

「跟戀愛經驗有關係啦，要看對方談過多少次戀愛。」

「我才不管，就算我是他的初戀，我都不想聽到他對任何女人有好感的事。」辛西雅哼了一聲。

唔。嗯。呀。對喔。

老實說，我被一堆不同星座的女人們搞迷糊了，我本來只是想單純問：「妳們會在意對方過去的戀史嗎?男人過去的情史，會影響妳跟他相處時的判斷嗎？」

結果，得到各式各樣離題的答案。正確說，女人經常的痛楚不安，都是因爲嫉妒心的底線，換言之，嫉妒心的底線，同時是感情寬容的底線。

最後，史丹利問了一個問題，眾女人終於第一次有共識。

史丹利說：「妳們會眞的和男友坦白自己過去的每一樁戀情嗎？」

女性們全體搖頭，並一齊說：「別傻了，這豈不是自找麻煩嗎？」

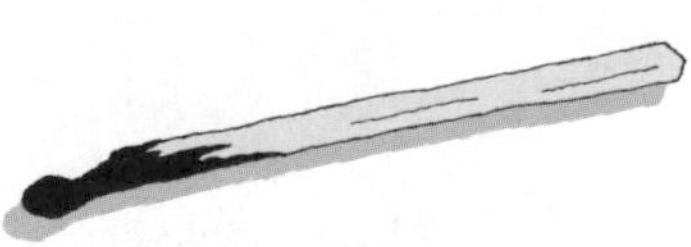

去愛吧，就像不曾受過傷害一樣。

當我看到他牽著一個女生的手對我走過來，我簡直山崩地裂、欲哭無淚，心都碎了，這是我第17個暗戀……第18個是……

你想當德國豬腳，我可不想變酸菜！

只有豬頭男，才會讓現任女友熟悉自己上一任戀人的種種，無論優缺點。

「她非常溫柔喲。」

溫柔到連她背對你劈腿連連，你仍忘不了，親愛的，你沒聽過齊秦有首歌叫做〈殘酷的溫柔〉嗎？

「她彈得一手好鋼琴。」

一手哦？不是雙手哦？好吧，我承認世界上若有人可以一隻手、五隻手指頭就可以彈出美好樂章，是奇人異事，搞不好可以上金氏紀錄……只是，親愛的，我保證一隻手可以在唱片行挑到世界級的鋼琴演奏專輯。

「她很會做菜。」

親愛的，你如果有錢的話，你要哪一國名廚，我保證也只用一隻手搞定，讓你見識一下我迅速的辦事效率。

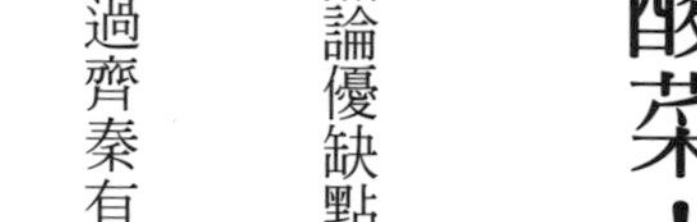

……

親愛的，對，我知道我語氣很酸，那因爲你是豬頭，不，你是德國豬腳，導致我變成酸菜。

倘若我脾氣像四川辣椒，我超想問：「她既然這麼美好，你們爲什麼會分手？」我不敢說出來的下半句是：「會不會是因爲你不夠美好，所以才會被她甩了？」下半句，我當然不可能講，怕傷害你的自尊心，更重要的是，因爲我愛你，你眞是無法體會我的用心良苦啊！你怎麼會這麼粗線條在我面前提起她？而且不只一次兩次？

史黛西說：「男人總是難忘舊愛，而，女人拒絕不了新歡。」所有女性朋友一致同意。說起來，女人似乎比男人現實，錯錯錯，那叫做務實，不是現實，女人青春有限，我們多麼珍惜當下時光。

歌手陳昇說：「每個男人心中都住著一個小男孩。」好友辛西雅聽了立刻說：「每個女人心底也有個小女孩啊。」女性朋友們再度大點其頭。

沒發現女人超過二十五歲以後，衣著開始鮮豔美麗了嗎？甚至還喜歡粉紅色的HELLO KITTY玩偶，那是我們十七、十八歲莫名其妙喜愛低調的黑、藍色的青澀少女期青春之後的反擊，對，青春有限，好不容易，我們過了二十五歲終於理解了，我們也因此珍惜我們後來所選擇的男人。

只是，會和現任女友提到前任戀人的男人啊，眞是豬頭。

當你不小心充滿感傷地提起前女友種種優點，如果女人沒有像韓片「我的野蠻女友」般揍你一頓，我只能說你運氣好，因爲女人要擊倒男人的招數實在太多，並且完全不需要套用你們的陳腔濫調「他很溫柔哦」「他彈得一手好鋼琴」「他很會做菜」等等等一○八式，女人懷念上一任戀人，只要在床上裹著床單膩聲對現任男人說：「他都很久呢……」嘿，短短五個字，很致命吧?!

說起來，女人多麼務實，又多麼體諒啊，一人要分飾男人的戀人、朋友、女兒和媽，既要顯得脆弱、無助，還要堅強守候，這戲份簡直太辛苦了，但我們甘心情願，因爲我現在愛你。

請千萬記住這句話，因爲我現在愛你。所以，當你偶爾變成德國豬腳，我突然不想當酸菜時……我「非常可能」會使用那短短五個字的名言，讓你痛不欲

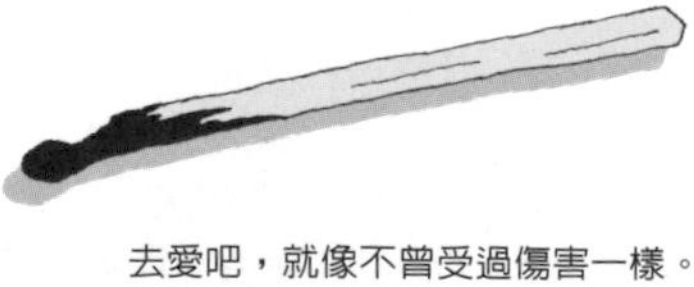

去愛吧，就像不曾受過傷害一樣。

生（夠狠吧？）。

咦，嚇到了？你開始改變策略，決定提起前女友種種缺點……哎喲，親愛的，你太不了解女人了，你怎麼可以在我面前提起過去女友？你這行為一點都不算讚美我，而是你竟然忘不了她；萬一我們分手，未來你是否會在下個女友面前講我的缺點？

你你你，親愛的！你是豬頭，不，豬都比你聰明。

關於，男人的甜言蜜語。

後來的我，從不相信男人的甜言蜜語，卻得承認，那瞬間，很受用。

受用的原因，和全世界所有少女、輕熟女和熟女都一樣，被稱讚：「我從來沒遇過像妳這麼有趣的女人」「我不知道妳身材這麼好」「爲什麼妳的皮膚這麼好？」「開我玩笑吧?!我以爲妳不到三十歲。」「不可能，妳怎麼會沒有男朋友？」「妳條件這麼好，爲何還不結婚？一定太挑了。」

這些年長男人、年輕男人甚或陌生男人的甜言蜜語，可能是客套話、敷衍話、調情話或有勾引意味的試探語，第一次聽到都是開心的，任何男人的甜言蜜語總讓女人多幾分自信。

以前的我，總是非常害羞回應：「沒有啦，我很嚴肅，沒那麼有趣」「我身材不好，腰部很多贅肉」「因爲我化妝，燈光太暗，你一定沒看清楚，我有黑眼圈呢」「你也在開玩笑吧，我是歐巴桑了」「我條件哪裡好？哪比得上年輕小

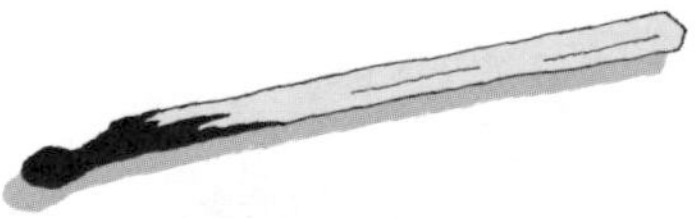

女生？」

後來的我，偶爾還是會不好意思，慢慢地，卻厚起小臉皮，小鳴小放。

「原來，我就只剩下有趣喔？老是聽到這種形容詞，講點別的嘛，取悅我一下！」

「好吧，謝謝我媽遺傳，讓我身材沒變形」「哎喲，我也很疑惑我條件不差，爲什麼沒有結婚？」

因爲在這個講究「個人姿態」的淺碟子世代，越來越不同。當一個人自謙自己笨，倘若他沒有可引以爲傲的成就，講久了，所有的人都會認爲他笨；當一個人自謙自己是爛好人，所有的人都會慢慢以爛好人幫他定位、希望他好人幫到底；當一個人說自己條件很差，所有的人不是私下罵這個人假仙，就是用放大鏡確認他確實條件不好。

與其如此，我也不想當古代人。

謙遜，對普通人來講，已經不是美德，運氣壞的時候，還會讓人輕視你、欺負你，因爲你爲自己這樣定位。謙遜態度，只適合一些有豐功偉業的人，大家會馬後炮讚美你；謙遜態度，只適合眞正認識你的人，他們才知道你是謙遜。

於是，當一個女人認爲自己不是美女，過度挑剔自己，慢慢地，沒有男人和女人會認爲妳是美女。何必挖瘡疤給每個人知道？他們又不是妳那一國的。妳下巴或臉頰那顆小小冒出來的青春痘，只有妳最清楚，妳不講，沒有人會發現；妳開玩笑講了，其他人都笑了，感覺妳的好玩，反而忘了妳的青春痘。

男人對女人講的甜言蜜語，就像一個視力不好的人，他說的或許不準確，是客套話、敷衍話、調情話或有勾引意味的試探語；男人對女人說的甜言蜜語，也可能像一個視力很好的人，他眞的是客套話、敷衍話、調情話或有勾引意味的試探語。

好吧，我接受客套話、敷衍話、調情話或有勾引意味的試探語，表示我還值得男人這樣做，我有行情。

「美女！」客套話來了。

「嗯，怎樣？幹嘛？」我來了。

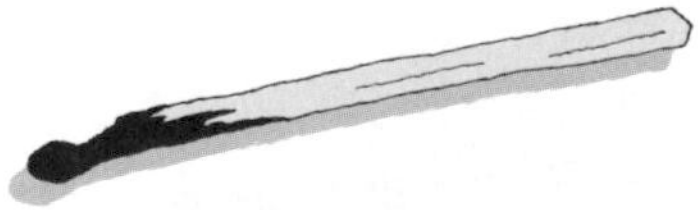

去愛吧，就像不曾受過傷害一樣。

很受用，讓我高興，只是我不會眞的當眞。當然，不能當眞。

我們要對自己謙遜，不要對別人過度謙遜。

畢竟甜言蜜語，比毒舌狠話，好聽太多。

男人對女人說的甜言蜜語，某瞬間，都是梅雨季節裡的小陽光，只是女人們別忘了還是要攜帶雨具出門。

非常有禮貌的情敵。

說眞的，只要不是搭上有婦之夫，每個女人一陷入情網，都恨不得趕快拎著自己的新男友像提著ＬＶ新款名牌包在閨中密友們前面獻寶。

那種雀躍的心，如同買了一件新品洋裝，渴望讚賞的眼光；那種甜蜜感，每一樁和新男友相遇相戀的細節，即使平凡無奇，在戀愛中的女人口裡都是一部感人肺腑的好萊塢愛情電影鉅作。

但是，有一種閨中密友，妳卻一點都不希望新男友見到她。

這一種女性好友不一定特別美麗、身材特別好、妳也不討厭她，妳們可以相約逛街、一起吃飯，甚至把酒夜談，只是妳打死都不肯讓男友見到她，因爲妳害怕，怕男友不小心就被她勾引。

我們統稱這樣的女人叫做「有異性緣的女人」，蘿貝卡更正註解：「應該說有異性緣的女人分兩種，一種是哥兒們型，另一種是情敵型。」

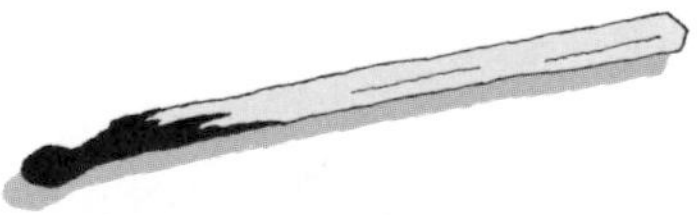

對，女人最怕的女人，並非美女辣妹，而是情敵，更致命的是——妳的情敵竟是閨中密友。

像蘿貝卡個性大剌剌，充滿男孩子氣，男人們都很容易和她當朋友、玩在一起，於是她的戀情多半都從友誼轉變成愛情……身為好友的妳，只要確保妳的男人不會變成她的乾哥、表哥、學長、學弟什麼東東，就可免除災難；而狄安娜完全是另一種典型，任何一個場合，無論是高級餐廳、路邊攤、KTV、小酒館……只要有男人在場，她立刻變得非常女性化，連聲音語調都變得嬌嫩欲滴，讓女性朋友們都忍不住起雞皮疙瘩。

事後，狄安娜總是撒嬌地解釋：「因為我很怕生，也很害羞，我不知道怎麼辦嘛。」

老實說，聽到這種話，我們也不知道怎麼辦，我們當場多半只能盯著狄安娜和自己男人流竄在空氣間眉來眼去、欲語還休的「問候語」……手足無措。

史黛西在一次聚會後，對男友史丹利發飆：「你幹嘛一直盯著狄安娜看？」

史丹利也發飆：「我什麼時候盯著狄安娜看？誰是狄安娜？妳發什麼神經啊！」

史黛西不甘示弱：「騙人，你們還交換了名片……」

史丹利火氣更盛：「這位小姐，交換名片是禮貌好不好？妳講不講理啊?!狄安娜不是妳朋友嗎？」

沒錯，正因爲是朋友，史黛西的擔心並非沒有緣由，男人不知道女人第六感的敏銳度，兩個月後，史丹利交換名片的禮貌領土延伸到法國式親吻，至於，從法式親吻擴展到泰式按摩的是喬伊絲的情人。

喬伊絲哭了一夜：「他說狄安娜才是他的眞命天女……」

狄安娜也哭了一夜：「我什麼事都沒有做啊，爲什麼妳們要誤會我？史丹利傳簡訊給我，很禮貌問我那天是不是喝多了，我回傳不對嗎？他是史黛西的男友，我一定要有禮貌啊，他說親臉頰是西方禮貌，我是史黛西朋友，我當然會有禮貌啊……喬伊絲的男人，那是因爲我背痛，他說泰國式按摩很有效，我是喬伊絲的朋友，我該怎麼辦？我也很禮貌拒絕過啊，他說他只是想幫我，他是喬伊絲

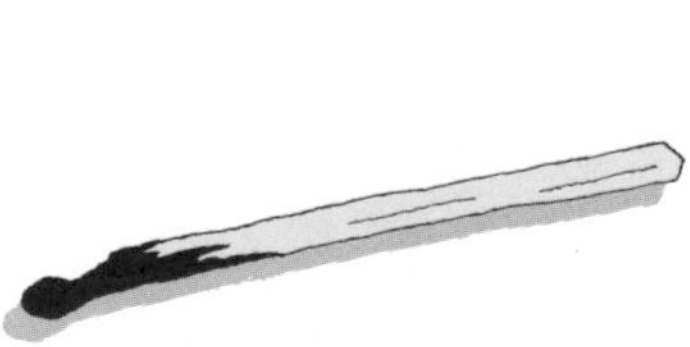

的男人，我怎麼能夠沒有禮貌？」

狄安娜說完又哭了一個小時，我和蘿貝卡在送走她之後，一致嘆氣。

蘿貝卡緩緩說：「狄安娜是個好人。」

我緩緩附和：「對，狄安娜是個好人。」

蘿貝卡又說：「狄安娜是個有禮貌的人。」

我繼續附和：「對，狄安娜非常有禮貌。」

我們兩個沉默半晌。

蘿貝卡說：「但，我死也不願意把我的男友介紹給她認識。」

這一次，我非常快速回應：「我也是！」

情人節魔咒。

史黛西說，她從來沒有情人節。

不，是她這十五年來幾乎沒有單獨和男人共度過情人節。

怎麼可能？朋友們都驚呼。史黛西的戀情即使不是星光燦爛，也算燈火輝煌。中國人每年有兩次情人節，二月十四日和七夕，經常戀愛的史黛西怎可能沒遇上幾次？

蘇珊搖頭：「不可能吧？」

史黛西說：「眞的沒有嘛！」

喬伊絲插話：「妳，以前該不會愛上的都是有婦之夫吧？」

沒錯，如果對象是有婦之夫或有女友的男人，節日確實不容易共度。情人節這種削錢大日子，翻開報紙、打開電視電腦、走在街上，廣告商簡直以提醒重聽患者的方式無孔不入，正常情侶在這種節日怎可能不一起共度？那麼，身爲第

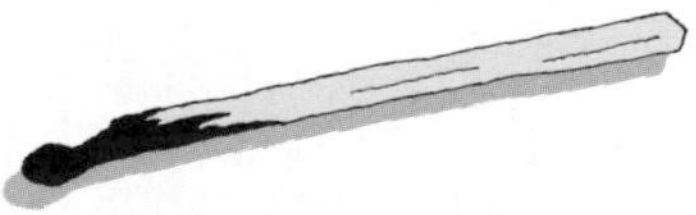

三者的史黛西，必然得孤單度過。

「拜託，要蒐集這麼多有婦之夫，也需要功力好不好？」史黛西開起玩笑：「我如果這麼厲害，以後請叫我『第三者達人』。」

說的也是，以史黛西的工作狂性格，要齊全蒐集「有婦之夫」，機率也不高。喬伊絲不過將心比心，突然想到自己的悲慘遭遇，渴望知己。

史黛西的中學學姐蘇珊想了半天，忍不住翻開印象中的花名冊。

「大寶呢？妳沒跟大寶共度過情人節嗎？」

「我們的三次情人節，他兩次到洛杉磯出差，一次到加拿大參加親戚的喪禮啊。」

「小高呢？」

「我們三月交往、七月分手，西洋情人節過了，來不及等到七夕。」

「老張呢？」

「妳忘了妳當時也和我們在一起，他十點鐘就喝醉了，我們一票人還送他到醫院急診。」

「那……也算是情人節的記憶啊。」

「硬要這麼拗，也可以，但，請注意，我說的是：『我沒有單獨跟男人共度的記憶啊。』」

蘇珊不甘心，繼續搜尋記憶中的畫面。

「對，還有阿龍呢？」

「吼，妳說的是我十八歲初戀，超過十三年了好不好？不在這個範圍啦。」

蘇珊的記憶體有限，只好暫時閉嘴。

史黛西充滿感慨，節日彷彿是戀情中的致命魔咒，她注定無法和戀人共度任何美好的節日，其實不只情人節，連生日、耶誕、除夕，她都沒有跟男人單獨共度的浪漫記憶，旁邊舉杯圍繞的總是朋友們。

「我想起來了，那個丁丁呢？妳可是跟他一起度過情人節、生日派對、耶誕和除夕的呢……」

蘇珊大叫，像電腦毀損的檔案又救回來一般驚喜。

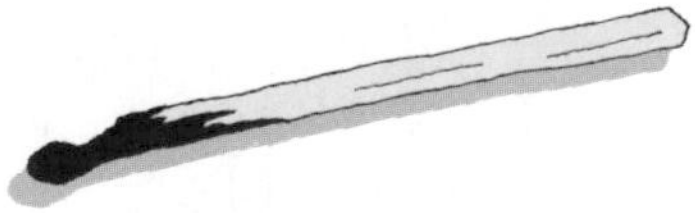

去愛吧，就像不曾受過傷害一樣。

「請注意我這次的用詞——浪・漫・記・憶。」

史黛西一個字一個字強調。

「唔。」

蘇珊再次無語，因為丁丁和史黛西的戀情，我們都隱約聽說過，但沒有人比蘇珊更瞭若指掌。

丁丁是史黛西五年前的男友。據說史黛西和丁丁交往第二個月就想分手，原因是丁丁習於和女人搞曖昧糾葛、花草事件不斷，讓史黛西無法忍受；可是丁丁生日快到了，史黛西不想破壞丁丁「男人四十大壽」的興致，只好延後；問題是一個月後是七夕，丁丁卻在那個月高調地讓所有朋友們都知道他們兩個在一起……。

「這樣做讓人很尷尬。」史黛西的無奈，是她和丁丁的朋友圈、工作圈有太多重疊處，只好再延後。

七夕過後，可以分手了吧？史黛西卻中獎了，對於和一個想分手的男人討論懷孕這件事，簡直離譜，只是懷孕不是一個人的事，史黛西不甘願自己一個人默默善後，跟丁丁討論半天，一下子要生，一下子要拿，雖然最後在兩人理性協議後決定拿掉，丁丁那兩個月的態度卻體貼周密，中西藥方補品樣樣來，讓史黛西無法殘忍提分手。

十月份，除了國慶日和台灣光復節，總可以提分手了吧？史黛西卻因工作去上海三週，丁丁則去澳洲度假十四天，眞的要在電話中提分手嗎？那三週，在丁丁上海當地的友人和台灣的拜訪的親友不斷問候的狀態，算了，還是回台灣再說清楚好了。

十一月，換成丁丁中獎，他的一項攝影作品入圍一個國際獎項，朋友們幾乎張燈結綵大讚「這是台灣人的驕傲」，丁丁酒酣之餘竟在朋友面前說：「擁有史黛西，才是我最好的作品。」

哎……這這這，是提分手的好時機嗎？當然不是。那麼，等他得獎好了，至少，在一個男人風光的時候提分手，男人的缺憾會少一點。遺憾的是十二月獎項揭曉，丁丁落選。這時候分手，未免落井下石吧？

就這樣，從七夕到次年二月十四日，史黛西和丁丁的分手之路遙遙無期，

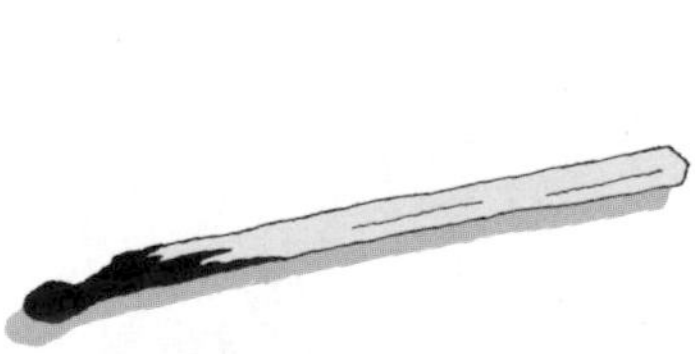

途中還不斷有自稱「女朋友」的女性打來的電話和朋友們的愛情關注。

史黛西眞正提出分手是隔年三月，丁丁不知道是大受打擊或是想要報復，竟在三月的白色情人節向史黛西最好的學姐蘇珊告白，並送了一大束玫瑰。

「這算是浪漫的情人節記憶嗎？還是浪漫的耶誕？浪漫的除夕？」

「……」

一長串的眞相被揭發的這瞬間，不僅蘇珊再度無語，喬伊絲屢次欲言又止的表情也如同被保鮮膜覆蓋般收縮起來。

蘿貝卡終於忍不住開口：「史黛西，那麼今年妳還會一個人過節嗎？」

史黛西露出笑意：「不，當然不，我要脫離魔咒。二月十四日我要跟史丹利去巴黎過節。」

喬伊絲說：「該不會是那個法文班的史丹利吧？」史黛西興奮地點頭。

「沒錯，就是他啊，我們預計二月十四日出發，抵達巴黎剛好是二月十四日情人節清晨，我們決定上午先去遊塞納河，下午……」

史黛西可能太投入情人節浪漫的巴黎之旅，完全沒注意到朋友們一臉尷尬的表情，因爲史黛西還沒抵達酒吧的時候，喬伊絲正在電話中取笑史丹利這個迷糊蛋，想去巴黎玩，昨天才發現護照過期了。

只是，這時候，大家你看我、我看你，誰都不想去貓脖子上掛鈴鐺。

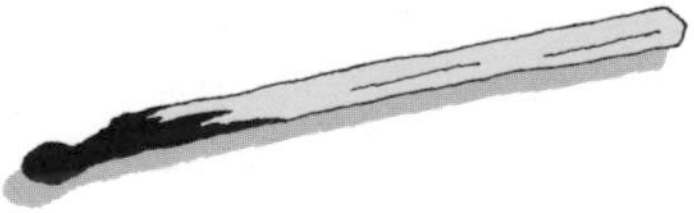

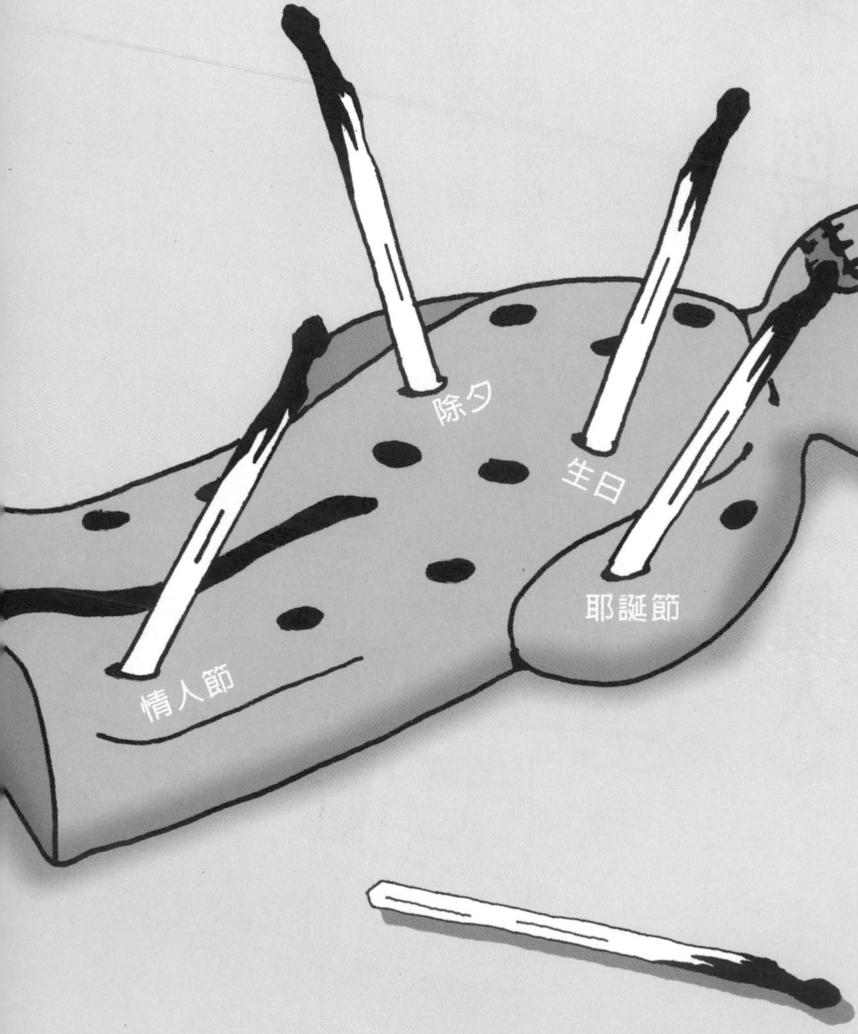
除夕
生日
耶誕節
情人節

如果你曾經深愛過一個人，
你就知道「忘記」兩個字有多艱深。

如果，你仍深愛著一個人。

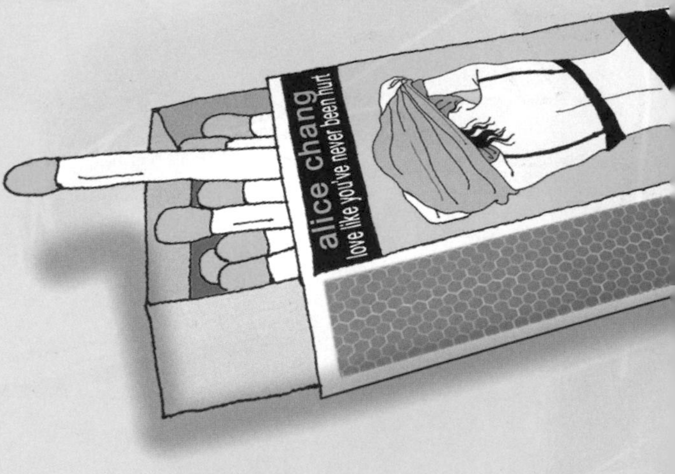

即使他對你不好、不對、殘酷，
你甚至很理性知道你們的性格不適合，
但是你愛他，就很難捨棄這段情感，
真實原因是——
你無法捨棄一個曾經情意纏綿的那個真實自己。

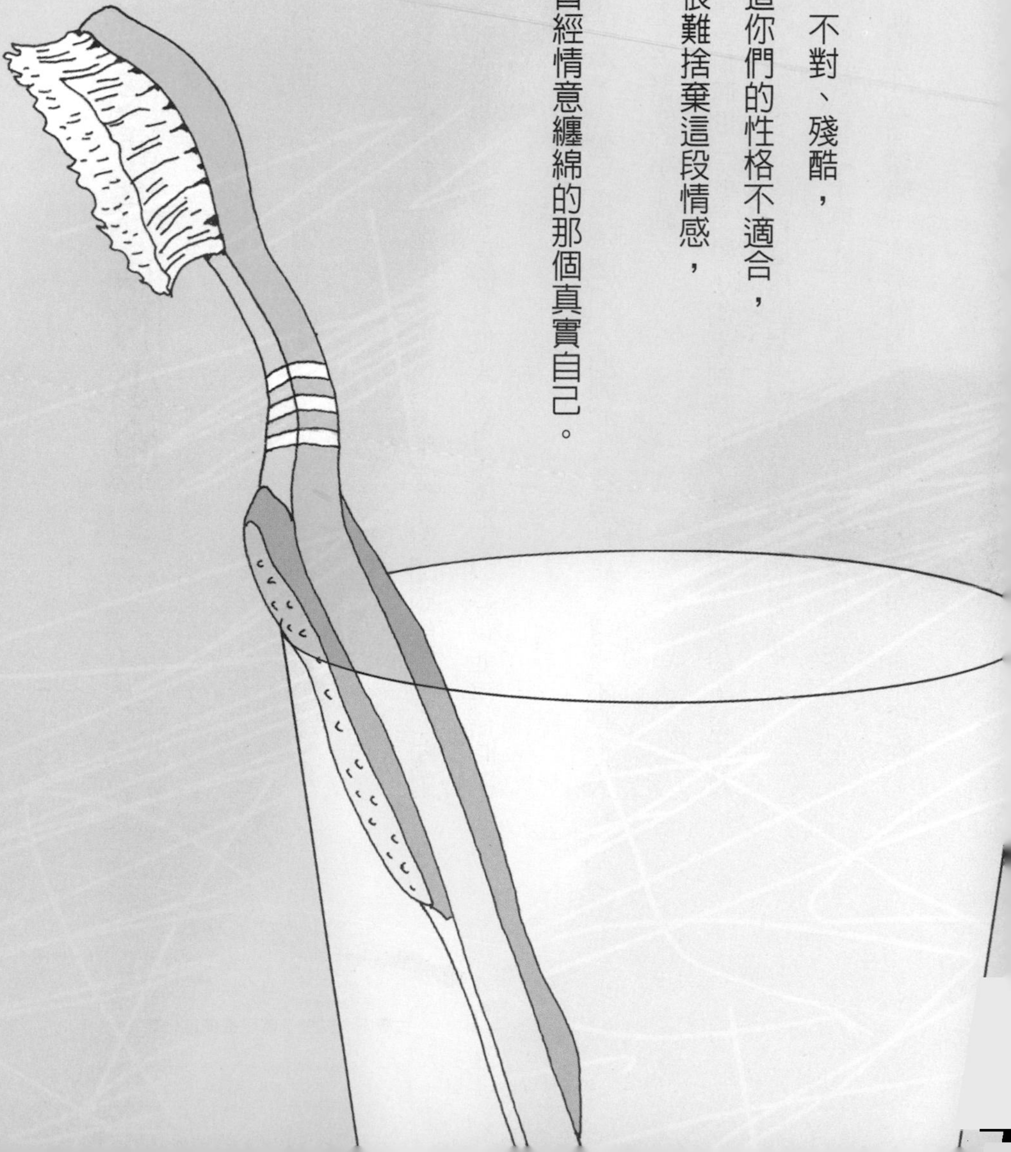

愛情中，某種愚蠢的小偷。

「忙人和忙人偷時間。」這句話曾寫在MSN很久。

起因是，某夜看公視播出的「她從海上來」，張愛玲對胡蘭成說的一句對白，大意是：她自己是個閒人，卻老喜歡上忙人，可是跟忙人戀愛，非得偷時間了。

當時看了，笑出來，心想，我這麼忙，遇到的人多數忙碌，這豈不是忙人跟忙人偷時間？可不是最蠢的小偷嗎？

戀愛，眞的是「偷時間」的遊戲，偷不到時間，哪能甜言蜜語、言不及義、摟摟抱抱、雲深不知處……沒有這種愚蠢過程，算哪門子的戀愛？

記憶中，戀愛最豐富是二十四、二十五歲左右，當時沒什麼牽絆；上一次，則是三十二歲從唱片公司離職，經濟雖困窘，心情卻海闊天空、自由自在。

好吧，我是愚蠢的偷兒，總容易遇上忙人吧…正確說，我並非喜歡忙人，而是太容易被認眞執著於某個夢想並踏實實踐的人感動。

一見喜歡的男人熱血積極於完成夢想，那一刻，總有說不出的複雜心情，一面被刺激到，一面又感覺自己沒喜歡錯人，剩下的是：「哎喲，這樣我們怎可能戀愛？」

更大重點是，我無法呆坐著，不時盯著手機有無來電苦苦等候對方有空，完全不是那樣溫馴的女人。

忙人跟忙人偷時間，需要彼此有空，即使一刻鐘，一小時、一頓餐、一個夜晚，剛好很湊巧的能夠相互配合，眞傷腦筋啊。

這不是愚蠢的偷兒，是什麼？小偷想偷東西，自己都這麼忙了，抽不出空去偷，實在荒謬。哈哈哈。那麼只能搶囉，擇期不如撞期，直接搶時間。

朋友說：「那還得有時間……可搶呢！」

唔，也對。

如果，你仍深愛著一個人。

某日喬伊絲問我：「妳曾經深愛過一個人嗎？」

對於這題目，我愣了一下，然後斬釘截鐵回答：「是。」

接著，喬伊絲問：「如果妳仍深愛著他，又不能在一起，妳該怎麼忘記他呢？」

「唔，需要時間吧，或者遇到另一個更深愛的對象。」

「如果一直沒有遇到一個更動心的對象，時間卻毫不留情經過很多年呢？妳還是忘不了他呢？」

「……我不知道。」

我真的不知道，我說的是實話，即使是擅寫愛情故事的人，也不過是平凡肉身，遇到愛情這種千奇百怪的化學變化，根本無法以物理變化來遮掩。

對，我確實不喜歡閱讀愛情勵志書籍，包括找我寫序、作推薦的，我都很

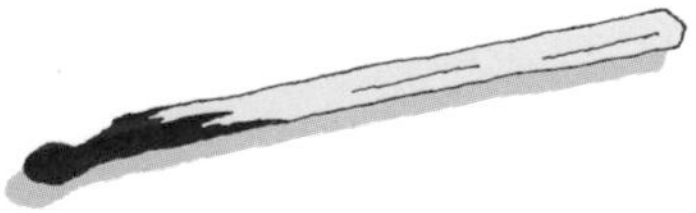

去愛吧，就像不曾受過傷害一樣。

委婉推掉（眞的非常抱歉），因爲當我自己陷入苦戀中，從沒因此獲得救贖。

如果愛情像「水的三態」理論：水→變成冰→變成水蒸氣→又變回水，就好了，事實上，並非如此啊。

許多愛情勵志書讓我感覺愛情像簡單的物理變化推演，找出簡單的策略攻防，比如：男人都犯賤，感情像流水→除非遇到得不到的，越得不到，越渴望，冰塊酷寒的折磨是必要的。一旦到手，女人就如同水蒸氣，雖有感覺，男人也常忘了她的存在；感情穩定後，男人又像水一樣，再度感情氾濫。

是這樣嗎？這世間，大多數男人是，有些不是。

倘若拿櫥窗裡的一件美麗的衣服之於女人而言，擺在櫥窗的總是最珍貴，買回家之後，再也沒有那麼美好……是這樣嗎？這世間，大多數女人是，某些不是。

如果你曾經深愛過一個人，你就知道「忘記」兩個字有多艱深。

即使他對你不好、不對、殘酷，你甚至很理性知道你們的性格根本不適合在一起，但是你愛他，就很難捨棄這段情感，眞實原因是，你無法捨棄一個曾經情意纏綿的那個眞實自己。

那個是你。你人生中的一部分，無法抹滅。

所以你才感覺脆弱、不捨、不知道該怎麼辦，有時候跟對方都無關了，是你的個人問題。

怎麼辦？不知道。

付出與償還，字面不同，但都必須歷經同樣經驗，以健康的方向思考，你最後還是要復元、復健。

麻煩的是，因爲你愛他，所以他的些微感受感傷，你痛得比他厲害，沒辦法，誰教你愛他呢？某時候很像父母對子女的愛。每個人都心疼自己所愛的人，都比對方還痛，因爲愛。這是人性最珍貴的部分，但也是這世代戀人最傷的部分。

只是世代不同了，健康實際人生才是眞確的，因此簡單說，那是「自作孽，無可救」。

你應該愛自己多一點，爲自己好，不要太理會對方一時傷感脆弱情緒，畢

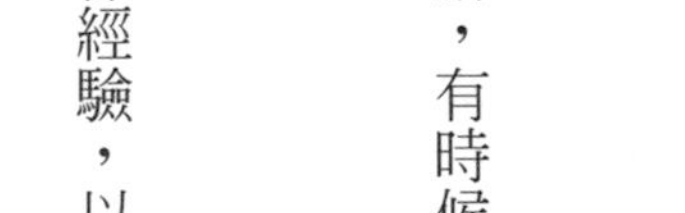

去愛吧，就像不曾受過傷害一樣。

竟他不曾對你好好用心，或說用心讓你感覺得到，讓你幸福快樂，這是他該反省的，你何必如此體貼？

你這是犯賤，你都清楚，爲什麼呢？爲什麼還是感傷？

你是一個好人，也細心體貼對方不是個壞人——他不是不愛你，但也沒那麼愛你，他只是在不知道怎麼對待你時，既不清楚拒絕，又習慣溫柔對待，偏偏常不小心讓你痛苦。唉，某時候，好人兩個字真是殘酷語言，當一個人深愛一個人的時候。

「對，昨夜他聽到我的聲音就掛了我的電話。」喬伊絲說。

「……」

「我不該半夜打電話……」

「……」

「但是，他也不該這麼快掛我的電話，我只是想念他……」

「……」

「好吧，我錯了，那時候他老婆可能躺在他身邊……」

「……」

「我應該白天打給他，他白天的聲音都很溫柔……」

「……」

「不，我早該忘記這個人，他不愛我……」

「……」

「艾莉絲，如果經過這麼多年，妳仍深愛一個人，妳會怎麼做？」

「……我不知道。」

眞的不知道，我知道時間比愛無情，可是我跑不過時間這個敵手，因爲我無法預估敵手決定參加短跑或馬拉松。

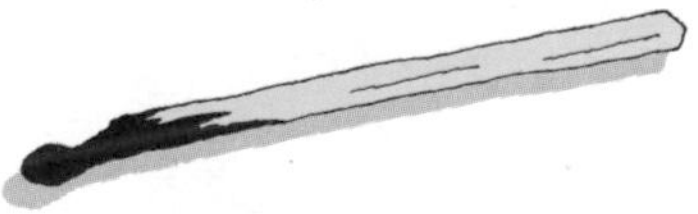

如果你曾經深愛過一個人，
你就知道「忘記」兩個字有多艱深。

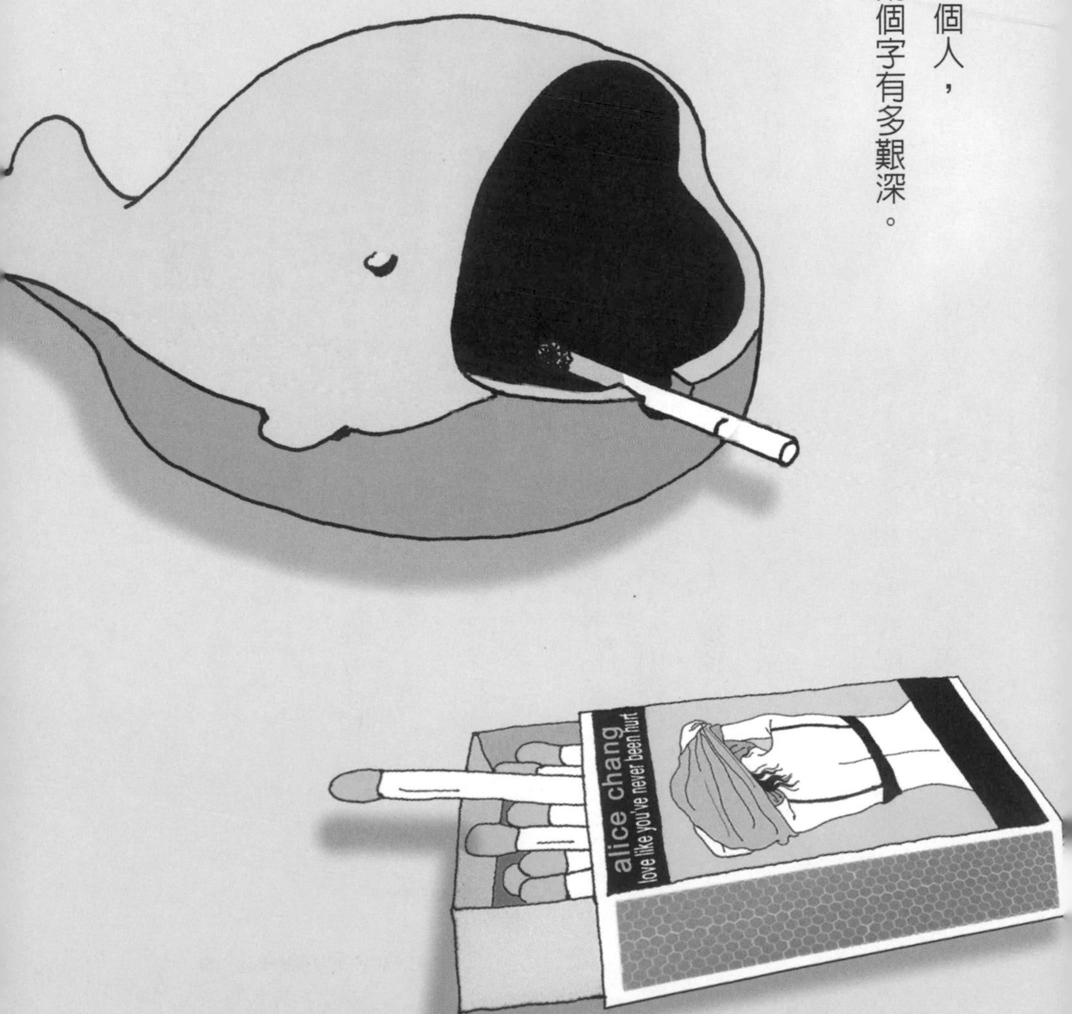

哥哥型與弟弟型的戀人。

對某些女人而言，男人有時分成「哥哥型」「弟弟型」兩種，這種分法和年紀無關，與性格有關，甚至和家裡排行有關。

有人喜歡哥哥型男人，感覺被疼愛、呵護與照顧；有的則喜歡弟弟型男人，可以三三八八聊天、吵嘴，其實女人也喜歡被男人撒嬌的感覺。

哥哥型的男人，通常自我、大男人，但通常也博學多聞、比較有責任感，偶爾會讓女人感覺好嘮叨喔，好像多了一個嚴厲的父親；弟弟型的男人，則發揮在生活中的體貼、細膩（可能在家耍賴成習，比較會看臉色），但，要跟他比任性，哦，妳比不過他的……如果他對妳而言，稱之爲「弟弟型的男人」的話。

可是，怎麼分辨男人是哪一種？

「別人的毒藥，搞不好是妳的寶石」，沒錯，這一定來自相互影響配合的關係，也許他對另個女人會被歸類爲「哥哥型的男人」，對妳卻變成「弟弟型的

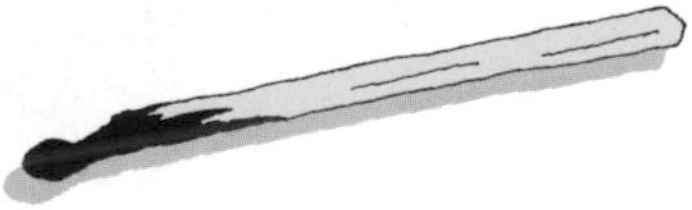

男人」，甚至相反，很難說的。

我過去的戀人們，大多數是弟弟型男人，很有趣的是，他們極多是家庭裡只有兩個兄弟，而我總是很巧合地跟弟弟戀愛，也許因爲我是家中長女的關係吧。

那麼，外國人會不會也有這種習性？有的。

英國男友在分手後幾年，跟我深入聊起彼此的關係，他想了很久，告訴我：「可能因爲我是老大的關係，所以我常遇到的女人都是老么。」他認爲我應該也比較適合老么，因爲我們兩個長子、長女，個性都很強硬，也都非常自我，所以在相處時，有時無法輕易認輸，或以柔軟姿態讓彼此有個台階可下……我聽了就笑了。

不過，有時候家裡排行也不是很準，像某個前男友雖比我小幾歲，卻是家裡老大，但超愛撒嬌，他的弟妹都結婚了，只剩下他一個單身。

分手後，他經常在深夜打電話給我，偶爾耍賴說要和我喝酒，我常趕稿趕得筋疲力盡，仍無法抵抗他的撒嬌，結果，他拎了一瓶紅酒來時，早醉得一塌糊塗，他沒喝完一杯酒、和我聊天不到十分鐘，就躺在客廳沙發打呼，睡得像死豬。

按照慣例，醒來，他會自動關門離開，就像任何睡在我沙發的友人一樣。

有一次，午後我起了床，他給我一通電話，說他正跟爸媽一起吃飯、唱卡拉OK呢，完全忘記前一晚的事，哈哈。

最近，這個前男友比較少在深夜打電話來，因爲他交了一個女友，會嚴格管他，也會每天幫他做便當，他半夜不能亂跑。他的女友比我大七歲，比他大十多歲，離了婚，有個兒子上大學，他和女友的兒子就像哥兒們相處融洽。

或許，對男人而言，也分成姐姐型女人和妹妹型女人。

只是在都會生育結構，越來越多一胎化，現在或未來的感情趨勢，對某些男女而言，「媽媽型」和「爸爸型」的戀人影像，可能將大量取代「兄弟姐妹型」戀人。

每次思考到這裡，偶爾我會想起去年我深愛過的男人，他比我大十幾歲，是家裡老么，卻總以父親口吻說教，有時以弟弟態度溫柔又任性，讓我不知道該

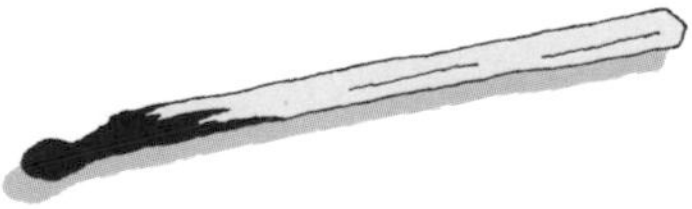

恨他或寵愛他、該以小女兒模樣對待他或以母親姿態出現。

很可能，在愛情裡，戀人們都貪婪，並擁有雙重性格。無法忍受的時候，這段感情，不過是窗玻璃上一滴蚊子血；愛到無法自拔，窗台那朵鮮豔的紅玫瑰正嬌豔欲滴。

我們，生命中最糟糕的男人。

有部韓片片名「我生命中最糟糕的男人」（The Worst Guy of My Life），讓我開始思考「糟糕男」這個題目。

這時候，我不知道該不該感謝「我的選擇性健忘症」，或者，前男友們該感謝我，因爲分手後，我總是把他們的糟糕往事同多餘的檔案自動銷毀……最重要的是，記得別人的壞，也不顯得我比較好，最多凸顯我品味低。

最近，看某個網友作家麻辣麗子在網上寫一系列《我的混帳前男友》，讓我瞬間驚醒，想起我遺忘的許多故事線索，雖然我不確定「壞事的好記憶」是否是一件好事？眞的能提醒我不再犯相同的錯誤嗎？

麻辣麗子系列故事描繪了許多女人各式各樣糟糕的前男友故事，哦，該說「那些慘不忍睹的男友們故事」，簡直是「女人生命中糟糕男」大蒐集嘛。

比如：有處女情結、控制慾強人、劈腿達人、精算專家、暴力傾向男等。

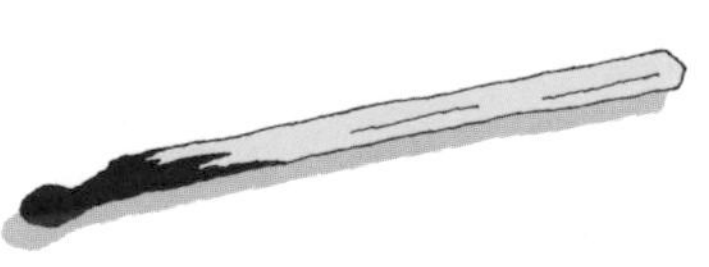

去愛吧，就像不曾受過傷害一樣。

於是，我想起我許多女性朋友的眞實故事。

處女情結男史黛西遇過一個離婚男子，剛認識時，男人問她：「妳是什麼星座？」史黛西開玩笑：「肉做的。」他又問，史黛西故意說笑：「好啦，我是處女座，但我眞的是處女喲。」三十一歲女人的玩笑，聽得出來吧?!對方又不是十八歲男。沒想到，男人竟信以爲眞，直到他們第一次接吻後兩天，男人很遺憾說出接吻時感受，一親吻就知道史黛西不可能是處女……史黛西愣住了，然後點起菸，即刻反擊：「你爲什麼要跟我說遺憾？難道你是處男嗎？」男人立刻心不甘情不願閉嘴。

至於，史黛西和男人分手原因，和處女心結卻無關，和男人的控制慾有關。但，史黛西補充了一句話：「會有處女心結的男人，會跟控制慾沒關嗎？」

唔，也對。

那麼劈腿達人呢？哦，《女人無法忍受的男人惡習排行榜》，「劈腿」不知道已經蟬聯幾年的榜首，其糟糕處無須言喻，女性好友蘇珊、蘿貝卡、喬伊絲統統跳出來，充滿發言慾望。

很遺憾，她們七嘴八舌的「劈腿論述」超過十萬字，本書沒有太多空間，所以暫時略過，先來談談精算專家。

什麼是精算專家？

「你的就是我的，我的不一定是你的」，這句話不是女人的專利嗎？什麼時候變成男人的行使權？男人卻說：「妳不懂啦！」

喬伊絲確實不懂爲什麼一個皮夾只有兩百元的男人會想約她去看電影？台灣的電影票一張台幣二百五十元，看電影前後總要喝個飲料、吃點東西……皮夾只有兩百元？什麼意思？好吧，他可能有信用卡……什麼？沒有信用卡？那提款卡呢？男人也沒有提款卡……這是什麼樣的男人啊？男人和喬伊絲誠懇道歉，並非常認眞解釋，他之前因爲幫朋友做保被連累，連帶被黑道逼迫，所以沒有信用卡和提款卡。

嗯嗯，三十分鐘的解釋，非常有條理並且符合邏輯，都聽得懂。

喬伊絲眞的都懂，她只有一個問題：「你沒有提款卡和信用卡又不是今天才發生的事，爲什麼你的皮包只有兩百元現金，卻想約我去看電影？你連自己的

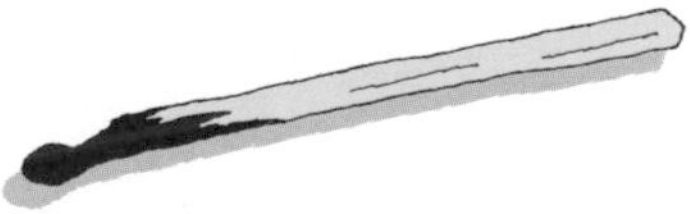

電影票錢都不夠吧？」那一次電影約會，是喬伊絲和兩百元男人最後一次見面。

暴力傾向男？如果不是「虐待狂」和「被虐待狂」的ＳＭ組合團體，我認爲這比劈腿還恐怖，《女人無法忍受的男人惡習排行榜》如有這一選項，應該是長年冠軍吧?!

我自己是沒有這類經驗，若有男人用力關門或稍微大聲對我講話，我就無法忍受。哪還會忍耐到等他們對我呼巴掌、打我之類的暴力事件發生？不·可·能。

再回到韓片「我生命中最糟糕的男人」……親愛的，我要討論的和電影內容無關，和片名有關，我眞的深深思考過一個問題是：「是我們遇到的男人糟糕？還是，女人總是在相同的錯誤選項上打轉？」

老鼠不是貓，貓不可能變成狗，狗不是馬，馬也無法假裝獅子。

如果，眞有個男人是妳生命中最糟糕的男人，年少時，我們可以承認自己開錯門；年長之後，還會遇到糟糕男……原因，其實是我們根本不該開門。

此刻，我感謝「我的選擇性健忘症」，因爲我竟然想不出哪個男友稱得上「我生命中最糟糕的男人」。

世界上，有愛情專家嗎？

出版了一些跟愛情有關的小說、漫畫書，不知道為什麼自己的筆名前面總被冠上一個職銜叫做：愛情專家。

理性一點的雜誌或報刊的形容詞會使用「兩性專家」。偶爾去座談會，我看到「兩性專家」的立牌，仍然，忍不住衝動想推倒它。

去酒吧喝酒時，朋友誇張地介紹我：「這位是愛情專家，可是愛情教主喔。」這次，我想推倒的是人。

世界上每個領域當然都有專家，比如：投資專家、美食專家、星座專家、開鎖專家、逃脫專家、選舉專家等等，甚至性愛也有專家。但是，我一直很疑惑：「愛情，怎可能有專家呢？」

要成為愛情專家，是否該擁有豐富的戀愛經歷？否則怎能叫專家呢？問題是，擁有豐富的經驗，是否代表戀愛常常失敗？換句話說，一次戀愛就成功、毫

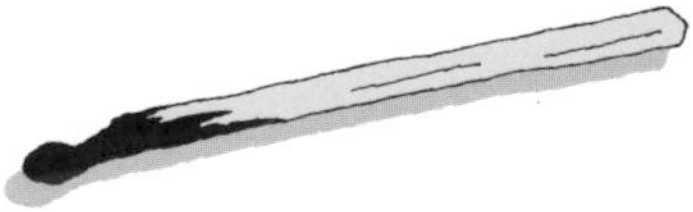

去愛吧，就像不曾受過傷害一樣。

無挫敗經驗，又怎可能修練成專家？開鎖專家也要開過無數失敗的鎖吧？只是戀愛不是開鎖，開了就結束。關於那些成功的戀愛，後來呢？

我看著電視上一堆被冠上「愛情專家」的特別來賓，愛情歷程似乎都不太幸福；一堆出版夫妻恩愛生活故事與感情經營之道的作家們，後來離婚了；某個女性專家，常上電視節目教導台灣老婆怎麼防範到中國大陸工作的老公包二奶，最後，專家的老公卻在她不知情狀態下，包了二奶。

因此，我總感覺「愛情專家」四個字，眞像魔咒啊。

如果愛可以仔細計算，就不會有「天荒地老」「海枯石爛」這般過度溢美的成語；如果愛可以精準投資，就不會有「無怨無悔」「心甘情願」這等不理性的用句；如果愛可以分析衡量，就不會有「緣分」「相欠債」這類前世今生推託之詞。

事實上，許多科學家傾力爲「愛情」做專題研究，比如：費洛蒙。

科學家們研究人和人一見鍾情的元素來自彼此的費洛蒙，並發現人類靠近鼻子地區有種奇妙的細胞叫做犁鼻器，犁鼻器由兩個很小的器官構成，有趣的是這種細胞在人體其他地方找不到，是獨有的。更有人稱費洛蒙爲性吸引力來源，而科學家測試：擇偶判斷與人體外激素有關，多數實驗對象傾向選擇與本人的ＨＬＡ基因不同的人。

這個理論，讓我聯想起幾年前和好友香港作家張小嫻聊天，討論到愛情的「付出」和「接受」。小嫻感受到愛，是有個男人願意爲她做菜，那會讓她感覺幸福；我則笑說：「我一點都不喜歡會做菜的男人，因爲會剝奪我的做菜樂趣。」相對的，會吃光我做的菜，並眞能判斷美食，從食物中品嚐出我費了多少心力的男人，我就充滿幸福感。

這是來自某種互補的性格，或說需求。只是，戀愛中的人都貪心，我們渴望生活中的互補、獲得滿足，同時尋求一種相似的默契、享受無以言喻的撼動，這有多麼困難呢？就算有個名之爲「專家」談過一萬次戀愛，都無法以同樣公式套用在不同組合戀人身上。因爲每個人都不是那位專家，遇到的戀人都不是專家的萬分之一取樣。

朋友說：「妳的說法，讓我好沮喪，當我脆弱，我多想有個老師啊。」

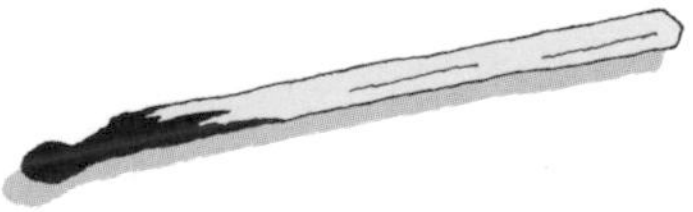

去愛吧，就像不曾受過傷害一樣。

我說：「妳還是可以有啊，那樣的老師叫做傾聽者。」
朋友說：「當我徬徨時，也需要建議啊。」
我說：「妳一定會得到建議的，只是妳不見得會做到啊，可不是嗎？」
朋友皺眉頭：「妳這麼理性，我眞疑惑妳怎麼談戀愛？」我大笑出聲。
眞正墜入戀愛中的人，怎可能理性？別傻了。當我熱戀時，哪會去思考科學這種鬼東西，愛就愛了，和每個熱戀中的人一般愚蠢，這是我眞實的部分。
所以，我會推倒「戀愛專家」的牌子，因爲我雖然是一個不錯的傾聽者，仍慶幸自己還擁有戀愛的盲目感官。

我不要跟圈內人談戀愛。

許多藝人說：「我希望我的對象是圈外人。」意思是非演藝人員。

事實上，不是演藝圈才有圈內圈外，各行各業都有圈內圈外，我很理解那種不想跟同業交往的心情。

哦，我也不要跟圈內人談戀愛。

我當然知道，同圈子的男女容易一見傾心，就像走在熟悉的城市，何處有風味絕佳的義大利小咖啡館、生鮮道地的日本料理店等，話題極易共鳴；不同圈子的異性邂逅，則像一場異國冒險，旅行指南文圖並茂說得眉飛色舞，興致盎然，到了當地，發覺不過爾爾。

這樣的心情，來自週末的夜晚，我有一場熟悉之旅。

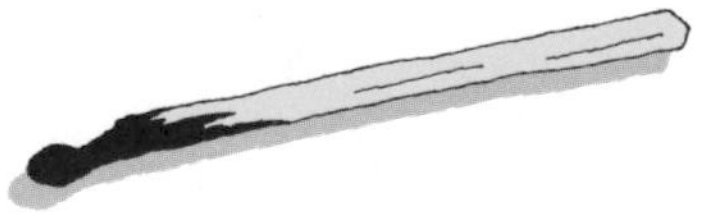

去愛吧，就像不曾受過傷害一樣。

那是一棟位於南區的老公寓頂樓，客廳有一整面透明玻璃窗可眺望台北美麗的夜景；客廳的家具雖然老式，看得出精心結構的痕跡；兩大盆枝影搖曳的芭蕉葉也照顧得很好；牆腳的立燈映照出牆壁上伍迪艾倫與王家衛的電影海報；幾只大型芳香燭火點亮了木頭矮桌上一碟切好的法國麵包、一碟鵝肝醬、一瓶年份極好的法國波爾多紅酒、三只德國Bodum精緻紅酒杯。

這是某個舊男友大學同學史丹利的住處。

舊男友最近偶遇十五年沒見的史丹利，發現史丹利現在從事電影幕後工作，跟我涉獵的圈子很近，認爲我和史丹利應該會有許多相通話題，於是他和史丹利喝酒敘舊，特地找了我去。

只是當我一踏入史丹利佈置雅致的客廳，那種場景的熟悉感，不知爲什麼，我的疲憊即刻一湧而出。雖然在相近的工作圈，我和史丹利卻從來沒見過面、完全不認識對方，沒有疲憊的理由。

直到我們話題從村上春樹到村上龍或村上隆的展覽，從巴黎的蒙馬特墓園到紐約的格林威治村的旅遊經驗，從義大利紅酒到智利紅酒的比較……然後，在第三十分鐘發現彼此至少有二十位以上共同認識的友人。

我懂了我的倦意，因爲，這，叫做圈內。

舊男友自然不在圈內，會在週末晚上七點半認眞約我去喝酒……很不可思議。連史丹利後來也偷偷跟我說：「我嚇一跳，才七點半呢。」呵，這圈子都是夜行動物，越夜越美麗，誰會在晚上七點約喝酒？

以《失戀排行榜》（High Fidelity）聞名的英國作家尼克宏比（Nick Hornby）說：「要確定一個人是否可以當男女朋友，只要瞄一眼對方的書櫃和CD櫃，立刻知道。」

很抱歉，我和這個舊男友並沒有相同的CD、書架上也沒有相同的書、支持的棒球隊不同、甚至政治立場也迥異……我們才不討論什麼村上春樹、石康、米蘭昆德拉或什麼高達、侯麥、溫德斯，我們很簡單的生活相處，享受美食、美酒，偶爾研究各國通俗A片技巧（呵）。只是最後，仍然分手了。

我想，可能因爲我們上床音樂差異性太大，畢竟令我興奮的《史密斯》（The Smiths）樂團和讓他感動落淚的《卡本特》（Carpenters）節奏大異其趣，

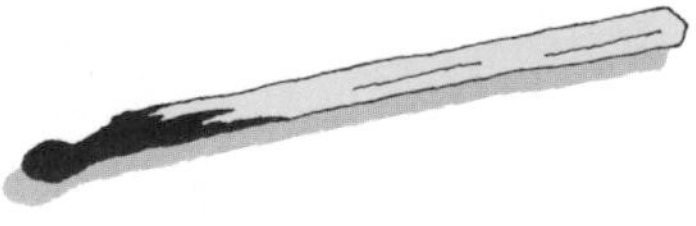

去愛吧，就像不曾受過傷害一樣。

這是事實，也是玩笑話啦。簡單說，彼此的世界太遠，多少會感覺寂寞，這是和圈外人交往，必須體認的落差。

那麼說說世界近一點的人吧，所謂「圈內」，我私以爲我這一類的舊男友未免過多了點，難怪我比一般朋友容易遇到舊戀人，大家生活圈都太近。更重要的是，彼此的行為模式都很像。

比如：看什麼書、聽什麼音樂、喜歡什麼導演、吃什麼美食、去哪裡旅遊、房裡佈置……不可否認十七、十八歲的青春期，我會因爲這些相同細節感動萬分，直到每個挫敗的戀情重複又重複又重複之後，這些原先感動的東西都變成我厭煩與痛恨的部分，我，開始，不喜歡，圈內人，我再也不要跟圈內人戀愛，因爲他們都和我一樣龜毛或更難搞，於是我寧可和圈外人交往。

相對的，我想，那些跟我屬性相近的舊男友們後來都去「把」完全不同行業的年輕美眉，大概和我想法也差不多吧（挫敗經驗也差不多），同圈子女人多難搞啊，這叫做知己知彼，大家都太快速就發現男人口中的偉大夢想和事實眞相、勇氣和怯懦、奢華和窮困……只剩下那些圈外小女生會以崇拜語氣面對他們。

我不是男人，我不需要被崇拜，究竟高達、村上春樹、史密斯、尼克宏比都不在我眞實生活世界，只要我和圈外男人交往的挫敗感還不夠多，我想，我仍會繼續說出這句話：「我不要跟圈內人談戀愛。」眞的，哈哈。

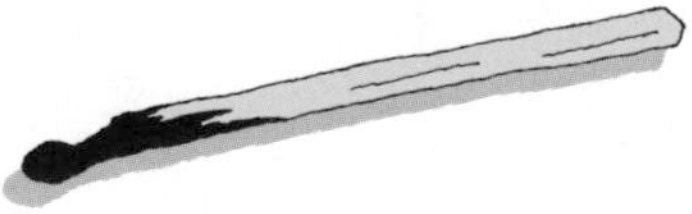

同樣在江湖走跳。妳喜歡我，我很瞭啦！真的不用把我圈住啦⋯

患難見眞情，也有這一種。

「疲憊卻無法入睡的早上，前男友唱歌給我聽，他在電話中唱了半小時，老是故意搞笑，被我罵了半天；終於，聽到一首很溫柔有感覺的情歌，我想溫柔睡去，也累了……合作業務突然打來電話，完全打亂我的情緒，超想打人。」

我在微網誌玩笑寫下這行話，網誌的朋友紛紛大笑，但他們比較好奇的是：「爲什麼妳還可以和前男友維持這樣關係？」「應該好聚好散吧？」「眞羨慕。」

事實上，至今我和多數舊情人的感情都還不錯，即使我曾在傷心垂淚時說過「我會恨你一輩子」「我們不可能還是朋友」，後來，又成了朋友，哈。

我思索了一下原因，確實也是某種「好聚好散」，無論分手原因是他愛上別人、劈腿，或是我愛上別人、決定分手。我想，舊情人能夠繼續維持情誼，和

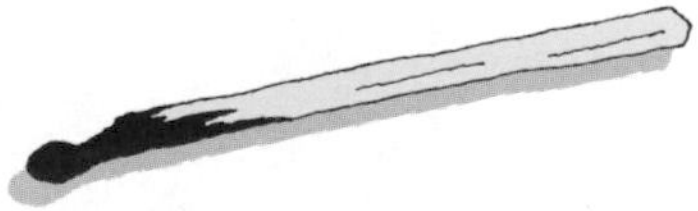

去愛吧，就像不曾受過傷害一樣。

分手理由無關，和分手態度、分手時機卻大大有關。

所有的愛情教科書，總是告訴我們怎麼在愛情領土攻城掠地，卻罕見有教導戀人和平分手的方法。

我一直很認同張小嫻說的：「離開一個男人，就要在他最得意的時候。」

男人失意的時候、生病的時候、工作不順遂的時候、家庭出現問題的時候，請不要提分手；這時候，他最需要妳的安慰，即使妳不是他的女朋友，他也需要朋友。這種打擊，無疑是落井下石。

相對的，當我失意、脆弱、工作不順遂，他提出分手，也表示這個男人，有多現實，我反倒該慶幸早點看清楚他的眞實模樣。

中國一句古話：「患難見眞情。」北京人說：「不來個事兒，哪能見眉高眼低。」感情中沒有一點高低起伏，就不是眞感情。

雖然，世界上大多數的戀人，不一定都會遇到電影般的災難考驗，比如：四川大地震、台灣九二一、紐約的九一一，見證浩瀚眞愛；小災小難的危機處理與關懷貼心，卻足夠供給小情小愛的堅韌力量。

或許，這是我和舊情人分手後，還能維持情誼的主要原因。

雖然是因爲他劈腿而分手，可是他從不會忘記在我工作疲累的清晨，在MSN問候我，提醒我：「不要太累喔。」或怕我太忙碌，笑說自己是快遞，帶了一份便當到我家給我。

雖然是因爲彼此性格不合、各自分飛，他卻在我趕劇本、無法回老家過農曆年時寒冬，提著一隻切好的土雞和中藥材，來我家煮熱騰騰的燒酒雞。

雖然是我主動提分手，他每年從沒忘記我的生日，有時打電話，有時傳簡訊，有時找我出來吃飯。對於悲嘆自己又老了一歲的熟女，是很貼心的。

我今年對他說：「謝謝，你每年都記得我的生日。」

他笑：「因爲妳也記得啊。」

呵，對呢，大家都是相對付出。

幫我慶祝生日的男人，某一年他脆弱的時候，我找他出來開香檳幫他慶生；假裝快遞送便當的男人，老記得我在他深夜疲累時爲他煮的一碗湯麵；提土

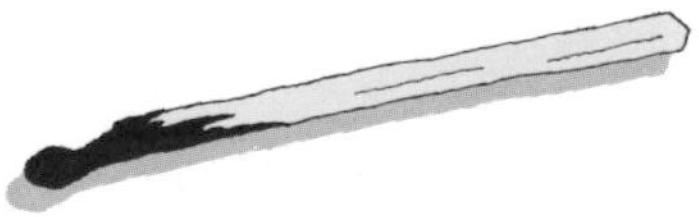

雞的男人，記得多少次深夜對談，我很認眞傾聽他不順遂的感情，給他鼓勵。

一通電話、一碗湯麵、一個便當、一次深夜傾聽，對於心情不好或不順遂的人，如獲至寶。錦上添花者，不怕沒人；雪中送炭者，要來得時候。

大情大愛的患難見眞情，需要時代背景，才有張力；小情小愛的溫馨接送情，讓我們永遠不會忘記對方。

感情檔案，好壞互相抵銷。

燉湯時，鹽不小心放多了，加一點糖，濃淡間多少有抵銷效果，卻也滋味雜陳。

記憶起一個人也是。

好的記得多，就容易忘記不好的。電腦中毒時，好檔案和壞檔案，會一起消失；記憶中毒時，甜美的檔案和心碎的檔案，也會一起抵銷。

一個女孩總是抱怨現在的男友，提起某舊男友分手後仍對她呵護備至。好友忍不住說：「妳難道忘了你們分手時，妳有多傷心嗎？」

女性好友都是一台自動備份機，會幫妳記住過往情事；因爲妳深夜傷心落淚的時候，她們忍著呵欠，在妳身邊。

有段日子整理稿件，突然看見隱藏在許多檔案裡某個標示日記的檔案夾，一些寫一半或沒寫完整的日記，細細描述著多年前和一個男友的對話和瑣事，甜

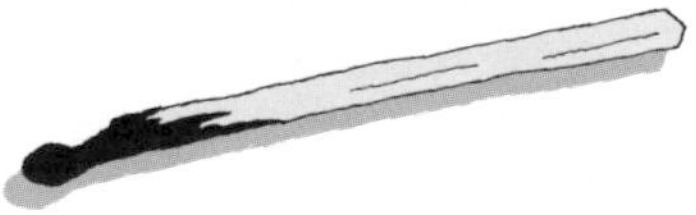

膩的、傷感的、玩笑的、難受的，我竟似突然驚醒。

原來，他說過：「我愛妳。」

原來，他說過：「如果有一天我們分開，一定還要當好朋友喔。」

原來，他說過：「我無法想像沒有妳，我會怎麼辦？」

這種女生們應該會記住的粗淺甜言蜜語，我竟然一句也不記得，甚至不覺得他是會講這種話的男人，或曾經對我講過，我甚至懷疑日記的眞實性，我該不會喝醉了吧？呵。我怎麼只記得他每次一見我，只會沉默地緊緊擁抱我，把手指緊緊掐痛我的肉，用力抱我，卻從來沒說過情話。但日記裡記錄的環境栩栩如生、隻之片語清清整整。

爲什麼，我都忘記了？

或許是腦內記憶體互相抵銷作用，我想，我會忘記他太黏膩的情話，只因為我不願想起他太殘酷的部分。甜蜜是情傷時，一根卡在喉嚨要命的魚刺，我防衛性地拔除了。所以，至今我們相遇，都還能維持微笑點頭、打招呼或閒話家常的態度。

我們的情事，大概就像中毒的電腦，好檔案和壞檔案一併刪除；我們的關係，也像一鍋多了一份鹽巴和一份糖的湯，攪和抵銷後，滋味雜陳……不太挑剔的話，基本上仍可以入口。

「如果有一天我們分開，一定還要當好朋友喔。」

嘿，大多數人都不是電腦高手，能把銷毀的檔案完整救回；重灌後的感情電腦，某些檔案有時修復得零零落落，「好朋友」三個字比較困難，「朋友」兩個字，以彼此都是成人，禮貌上都可以。

但，對我而言，意外發現那些過往日記檔案，我還是小小驚嚇。我從沒想到我對他的記憶磁碟容量這麼少，一點、一點、一點都不記得了。那麼，我也曾對他說過這些黏膩的話嗎？也一點、一點、一點都不記得了。

「我們，不像是會說這種話的都會男女啊。」我心底自言自語。

那，我究竟有沒有對他說過更噁爛的情話呢？不知道呢，我的檔案無存，

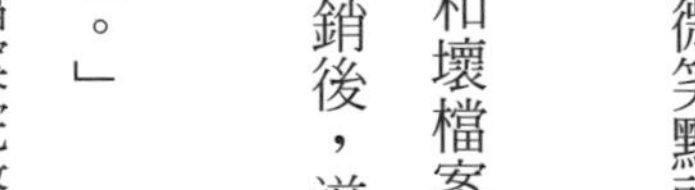

不清楚他的記憶體容量是否比我好？

這讓我思考起某個有趣的議題，假設每個人的感情記憶體都有其容量和特性，是否有許多戀人當初相遇時，彼此戀愛的「感情機器配備」就差異很大？比如某甲硬碟只有八十G、某乙有一六〇G。

於是，從熱戀、相愛到分離，那麼「機器好」的分手戀人是否會因爲儲存過多記憶，比較容易眷戀或比較痛苦呢？

無可解。

有時候我會對某個情人戀戀不忘，或某個情人對我戀戀不忘，是否也來自我們「感情機器的記憶體容量」有差別呢？

無可解。

只有NOKIA的廣告詞：「科技始終來自人性」，我深信，即使我都不相信我自己的感情記憶體，我還是相信這句話。

畢竟會忘記的情話，表示無足輕重，只是言語；我的感情記憶體，多數只記得行爲，感官實際動作。當某舊情人聽見我撒嬌耍賴開玩笑說：「好想吃溫州街蔥油餅喔。」至今，仍願意去幫我排隊買來給我吃，拿到熱騰騰蔥油餅那瞬間，我非常感動。

我感動的咬下蔥油餅時，想過，唉，他或許和我一樣，他的感情電腦和我一樣中毒，檔案互相抵銷。

他只記得我好的部分，忘了我過去對他殘酷的部分。

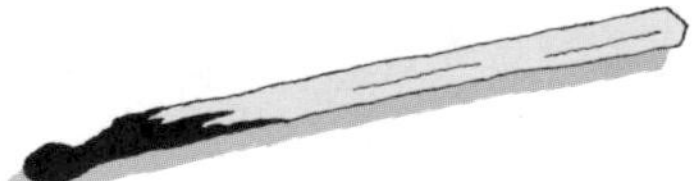

我們的情事，
大概就像中毒的電腦，
好檔案和壞檔案一併刪除；
我們的關係，
也像一鍋多了一份鹽巴和一份糖的湯，
攪和抵銷後，滋味雜陳……

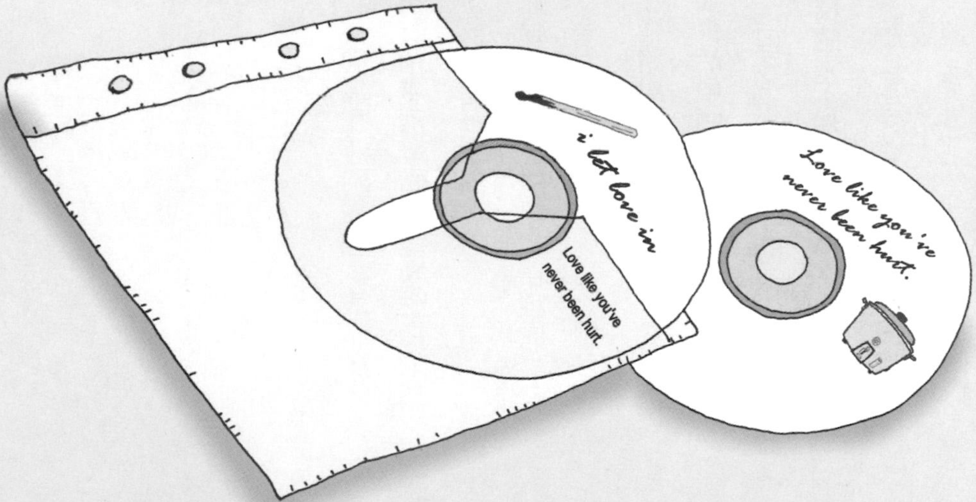

You've Got Mail.

「其實，我是不相信網路戀情的。」

當我說這句話，我的網友們百分之九十九一定會露出不可置信的表情，不信一個經營了九年藝文網站、見識過一堆男女網友相戀別離的眞實愛戀……甚至，意外獲邀參加過許多網友婚禮的網站主人，竟不信網戀。

只有蘿貝卡笑著點了點頭，蘿貝卡知道我在說什麼，雖然她和在雅虎交友網站認識的男友剛分手。

眞的，只有網友蘿貝卡知道我在說什麼，在網路戀情氾濫的世代，我說不信網戀，未免落伍？（我和蘿貝卡都從網友變成生活中的好友與酒友了）準確說，我相信藉由網路爲媒介相識進而相戀的故事，但我不相信純粹的網戀。我不信藉由文字、照片、聊天就可以瘋狂墜入愛河的情感……那，怎能稱之爲戀愛？至多是神交吧？我以為愛情應是一種五官情緒，愛情中少了視覺、聽覺、嗅覺、

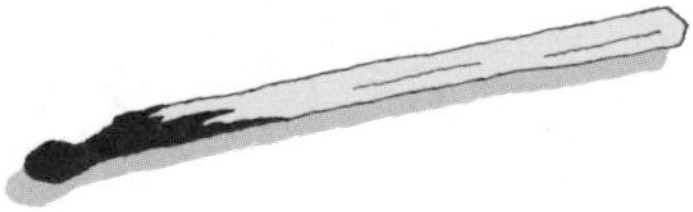

去愛吧，就像不曾受過傷害一樣。

味覺和觸覺，如同在黑暗中想像一道美食。

但，坦白說……我也曾經是「黑暗中想像美食」的實驗品，那是一九九八年夏天的故事了，我遇見他。就像「電子情書」（You've Got Mail）這部電影。

「紐約一五二？他是住在一五二號？他有一五二歲？還是身上有一五二顆痣？搞不好臉上有一五二個傷痕。」

在HBO看到重播舊電影，由湯姆漢克（Tom Hanks）和梅格萊恩（Meg Ryan）主演的電影「電子情書」，除了因爲電影中的暱稱NY152一段有趣的對話讓我感覺好玩，我眞正笑出來的卻是影片中那個撥接的電話線聲音「嘟……嘟……」，因爲電影拍攝期間是一九九八年，那是一個非光纖寬頻網路的年代。

呵，在MSN、vlog、YouTube盛行的二〇〇七年，現在回首「電子情書」，我印象最深刻的恐怕是一九九八這個數字吧，因爲那一年，我和電影中的男女主角一樣用撥接的線路「嘟……嘟……」上網站，並湊巧擁有一個自己的網站「失戀雜誌」（www.im-lost.com），然後，我的人生完全變了。

一九九八年的人生變化，並非因爲電影「電子情書」……哈，雖然很渴望這種好萊塢式的神奇浪漫降臨在自己身上，比如因此愛上一個什麼眞命天子或什麼鬼男人，眞抱歉，並沒有……（借一下MSN嚎啕大哭的臉：p）

我個人不曾發生過什麼浪漫網路情事，可是我創造了許多網路愛情故事，來自我編輯的網路叢書，蒐錄了一堆網路作家精采愛情創作，撮合一堆戀人。

讓我嫉妒的是：「我的網站有那麼多戀愛、失戀以及結婚的人……都不是我。」更生氣的是——那些因這網站戀愛結婚的人，總是充滿善意地問我：「爲什麼妳沒有？」哎喲，多麼令人討厭的善意問候啊。美國CBS影集「CSI犯罪現場」（Crime Scene Investigation）賭城篇某一集主角葛瑞森說：「善意，總是常讓人受傷。」說得眞好。

人魚公主（暱稱）和流星蝴蝶劍（暱稱）結婚了。

咖啡蟲（暱稱）和蜜蜂窩（暱稱）離婚了。

SK2（暱稱）和119（暱稱）大打出手。

莎莎多瓦（暱稱）和阿里不達（暱稱）熱戀起來。

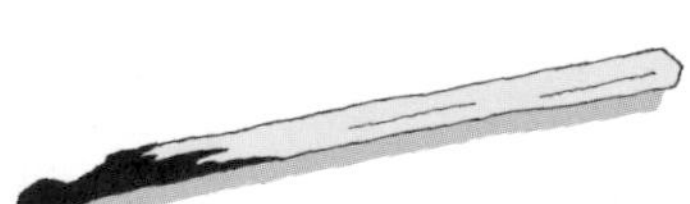

去愛吧，就像不曾受過傷害一樣。

結果，網站主人水瓶鯨魚仍然孤零零從沒享受過網戀滋味……再一次裝無辜，借用MSN嚎啕大哭的臉：p

當然啦，如果你充滿CSI的追究蛛絲馬跡的精神，看到這裡，鐵定才不管我那個MSN哭臉符號，立刻問我：「那麼，一九九八年發生了什麼事？」網友最厲害的特質，是從不放過文字微物證據，呵。

真的只是一個一九九八年夏天的故事啦。

一九九八年是一個微軟MSN不盛行，只有ICQ的年代，網路世代的進化可比崔健唱〈這世界變化快〉還快速百倍呢，ICQ的盛行不過才幾年前的光景，如今彷彿上個世紀般遙遠。

而，他對我更遙遠。如同電影「電子情書」裡的NY152，我們對彼此只有一個簡單暱稱，我們年紀相仿，工作類型接近，所有的對話都透過ICQ和簡單信件，卻從未見過面，也不曾寄過照片（那年代不流行嘛）。

一九九八年整個夏天，我們總是從夜深透過打字聊到天光發白，虛擬各種有趣的情境，討論我們現在去海邊吃早餐。他說要點三明治，我抱怨去海邊一定要吃龍蝦；他說點龍蝦粥吧，我說龍蝦最好現烤；他說海浪太大，快淹沒了他，我說我早警告你不要選沙灘上的餐廳；他說盤子裡龍蝦突然在海浪中復活，我說這餐廳龍蝦還眞新鮮啊……然後我們哈哈大笑，虛擬的文字像眞的一樣，我們在整個夏天夜裡，每一日都渴望並等待對方上線。

終有一天，我說，我想聽見你的聲音，他猶豫了三天。

直到現在，我仍不確定我那個決定是否正確。或許，我該把他當作一個「電子情書」那樣的心靈朋友。或許，我該見見他。或許，我這樣的決定眞的比較對。或許這只是兩個三十多歲初愛上網路、學習網路的成年男女相識必經過程。或許我該再給他一個機會，也給自己一個機會。或許。

只是，機會總是瞬間即逝。我和他講了不到一分鐘的電話，那兩個月的夏天就過去了，我們至此不再通任何信或上線聊天。真實的故事常比電影殘酷。

蘿貝卡曾問我爲什麼，我很誠實，我無法接受他的聲音，或說那是個和線上我所想像的他反差很大的聲音，自私的說，是我不喜歡的音質。不是他的錯。

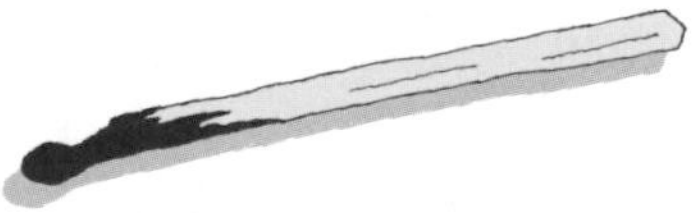

去愛吧，就像不曾受過傷害一樣。

我也因為他反省檢查了過往戀人們的聲音，唉，原來聲音在我選擇上佔的比例那麼重。我原本害怕我們的問題可能會發生在彼此外表、相處性格之類，卻從沒想到問題會發生在聲音。

一分鐘，可以摧毀一整個夏天。好殘酷。我都覺得自己殘酷。

這種難以解釋的實話，我不忍對他說，他後來寫來幾封信解釋第一次通電話的緊張，字裡行間就像他的聲音般給我的哀戚感，我看了信，卻不知道該怎麼回應，只客氣推託很忙，對不起。

愛情對我眞的是一種五官情緒，結果，我竟透過一次網路曖昧的交誼，再度確認了自己的挑食。

蘿貝卡後來忍不住再問：「妳是因為那次挫敗，再也不相信網路戀情嗎？」自己笑出來，當然不是，我的網站有那麼多人相識相戀並且結婚，我相信啊。

我只是確信我無法演出「電子情書」，**愛情需要五感，才會踏實存在⋯⋯**即使我偶爾懷念一九九八年那個我從未見過面、只講過一次電話的「陌生暱稱」，事實上，我懷念的不過是當初我曾經擁有過的「虛擬愛情感」。

我第一次認識的竹科男。

我這輩子第一次認識所謂「竹科男」，是這樣的。

我去新竹的清大和交大演講，倒有過幾次，見過新竹的男大學生，沒見過竹科男。

竹科男，四十三歲，大我一歲，不菸不酒，通俗說法，很乖的好男人之類。我們彼此的母親在公園晨舞活動相識，據說他媽媽看了我的照片很喜歡，我媽則聽說對方人品不錯，而且有好幾棟房子，對方不是獨子，他母親又喜歡我，如果我想繼續寫作，有這樣的依靠，不會餓死。

可是，這種「乖男生」適合我嗎？或我適合他嗎？他怎會想和我相親？我更疑惑四十三多歲的乖男生爲什麼至今沒結婚？那些形容詞，可一點不像某些風流自由的電子新貴，年輕時不想被婚姻枷鎖鑄住，老了才想找伴。

「媽，我可是高齡產婦喔，他應該找個二十五、三十歲的吧。」

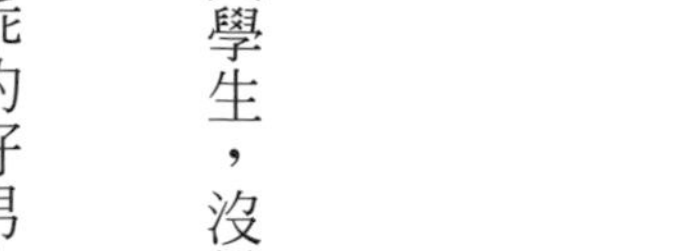

「妳就試試看啊，而且，他媽媽很喜歡妳啊。」

「只是看照片而已。」

「反正，妳就不要說妳抽菸又喝酒……妳眞的該戒菸戒酒了。」

「這樣……他很奇怪耶，他沒離過婚嗎？」

「他沒有。」媽媽生氣起來：「妳才怪，妳如果不戒菸戒酒，男人看到都會怕。」

「好啦，好啦，第一次……我不會坦白說出口，好不好？」

「妳要戒菸戒酒啦，否則妳這樣的女生誰敢要！」

「媽，好啦……」

就算抽菸喝酒不在第一次說出口，算給老人家面子，可是啊，哈哈，媽媽眞不用功，我書裡「自我介紹」白紙黑字，講那麼清楚，騙誰啊?!對方媽媽可能也搞不太清楚，不知道我寫的書的內容重點，通常離不開三件事：菸、酒、床。

總之，既然兩個不用功的媽媽都說好了，就按部就班，先講電話囉。

晚上，電話來了。不喜歡也不算討厭的聲音，就像一般路人的聲音，沒什麼力氣的聲音。都答應了。聊聊吧。聊什麼好呢？興趣吧。

於是，我像溫馴的記者一樣，開始發問。

「看電影嗎？」

「很少。」

「聽音樂嗎？」

「隨便聽聽。」

「運動嗎？」

「大學的時候常運動。」

大學？不是二十年前的事了嗎？

「看書嗎？」

「看工作的書。」

「看小說嗎？」

「偶爾會看報紙副刊。」

「知道痞子蔡嗎？」
「他是誰？」
「他是很有名的網路作家，出過一本書《第一次親密接觸》，你們成大的學弟。」
「喔。」
「這本小說還有改編成電影喔，新聞都有報導喔。」
「喔。」
連痞子蔡都不認識，大概也不認識水瓶鯨魚。繼續發問。
「你是什麼星座？」
「魔羯。」
「我是水瓶，你比我大一歲呢。」
「啊！我以爲妳比我小三歲。」
「沒，我只比你小一歲……你有多高？」
「一六六公分，妳呢？」

「一六二公分。」

「妳會介意身高嗎？」

「還好。」

一六六公分，矮了點，但，如果性格可愛良善，如果……再接再厲。

「你上網嗎？」

「有時會看看新聞和股票。」

「股票有賺錢嗎？」

「普通，如果能賺大錢就好了。」

「有部落格嗎？」

「沒有。」

「上MSN嗎？」

「不太上耶。」

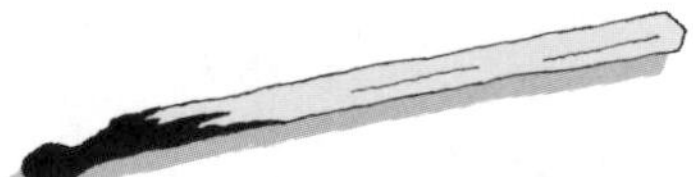

這這這……這是竹科男嗎？和想像「竹科電子產業」似乎差異很大。

「那，喜歡旅行嗎？」

「出差到矽谷兩次，去過舊金山。」

「舊金山很美啊。」

「我不太記得了，因爲都在開會，很累。」

「還到過任何國家旅行過嗎？」

「沒有，就那兩次出差。」

「東南亞呢？像日本？香港呢？韓國？」

「都沒有，我沒有什麼興趣。」

「唔，那……你喜歡美食嗎？」

「還好。」

「我聽說新竹有很好吃的小吃，你最喜歡哪些店？」

「我不太清楚新竹小吃耶。」

我開始思考，我該不該放棄，或繼續發問。我的記者朋友都很有耐心，我應該練習一下。

「你的休閒娛樂是？」

「睡覺吧。」

「你……就只有上班和睡覺嗎？」

「差不多吧，因爲工作很累。」

「……」

「你會不會覺得電話有雜音？」

「還好。」

「那可能是我的有雜音，我的無線電話最近常有雜音。」

「我認爲無線電話其實不好用，我都用二九九元的電話。」

「沒有無線電話，這樣講電話不會不方便嗎？」

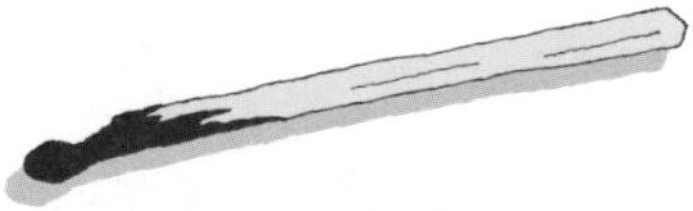

「我很少講電話。」

「……」

「……」

「你常回高雄嗎？」最後，我抓著救生圈，再試一次。

「一個月一次吧。」

「搭高鐵嗎？」

「有時候，因爲我新竹這邊離高鐵站有點遠，車子也要寄，一天一百元很貴，所以有時候，我會開車回去。」

「開車的油錢不是更貴？」

「對啊，更花錢。」

「不過，回高雄……有車，確實比較方便啦，想去哪裡就去哪裡。」

我想起許多男人都喜歡自己開車，沒車好像沒有腳。

「我高雄還有另一輛車。」他突然用力強調。

「喔……」

「那寄車還是比較方便吧，一百元而已。」

「還是要花錢。」

我已經忘了聽過幾次「要花錢」這三個字，從電話中感覺出他認爲奢侈的語氣，並確認他擁有那些房子，並非祖傳家產。只是這一次，我終於沒力氣了，決定把記者工作收尾。

「你交過女朋友嗎？」

「以前有人介紹，只是我喜歡的，別人沒有意思；喜歡我的，我又沒感覺。」

「嗯。」

「欸，還是有不少女生對我有興趣哦，可能我很少打電話，對方就放棄了

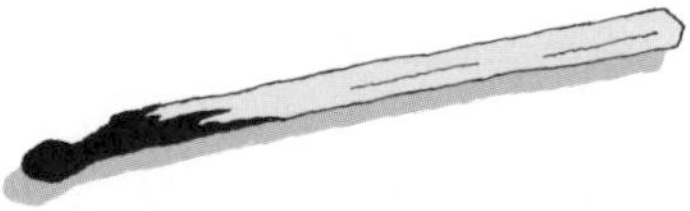

吧，呵。」

他第一次笑，終於有值得驕傲處的笑聲。

「喔，可能吧，這樣女……生都會放棄吧。」我也笑。

「那麼，你有照片嗎？你看過我照片，我卻沒看過你的。」

「我幾年沒拍照了。」

「……你眞的不覺得電話有雜音嗎？」我說。

「還好。」他確實很喜歡也很習慣他二九九元的電話。

「有點晚了，我們再聊，再通E-mail好了。」

「好。」

隔兩天，我媽打電話來，語氣不悅叨叨唸，說竹科男嫌我年紀太老，他本來誤以爲我三十九歲……我愣了一下，立刻大笑出聲，足足笑了三分鐘。

健忘，總比記恨好。

我的健忘在朋友圈是極有名，
特別是以「不會認人」馳名。

我，偶爾也擔心自己「不會認人」的毛病，
會不會有一天我連舊情人都忘記了，
還當作新認識的男人一樣……
直到上床才發現：「唔，我們以前是不是認識？」

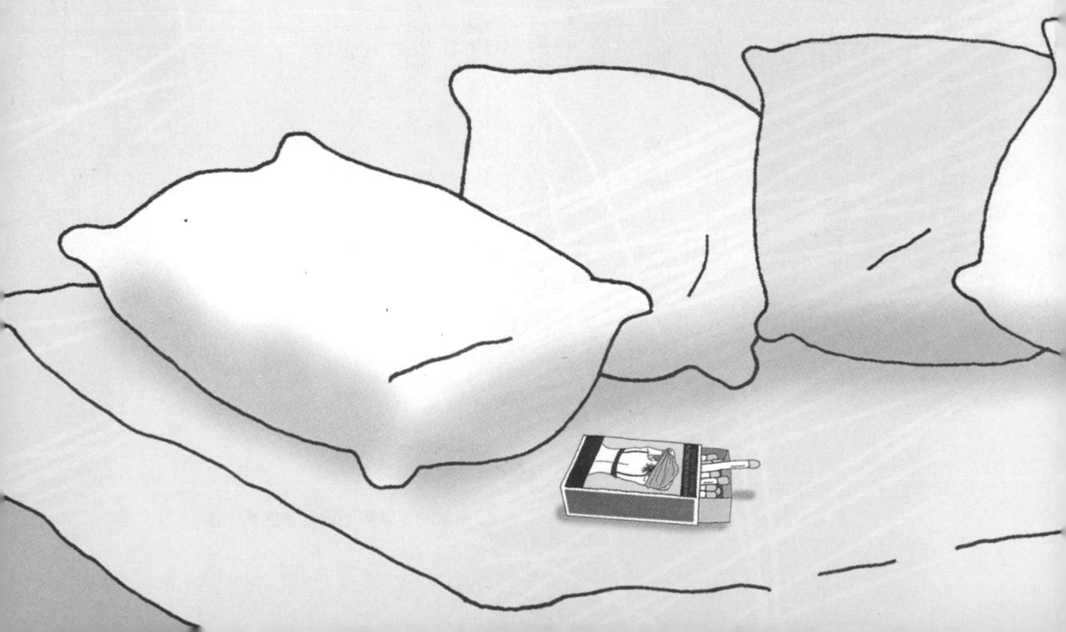

我希望他永遠不幸福！

多年前，吳宗憲在電視上把追求許久的陳孝萱寫眞集丟到垃圾桶；同時，黃子佼與小S分手，小S擦乾眼淚，卻說：「我希望他未來能夠幸福。」

於是，媒體與網友們一面倒的稱讚小S大方，能夠這樣祝福曾經愛過的人。我確實喜歡小S的處理，比起吳先生漂亮（即使吳先生是爲了電視效果），因爲他們都是公眾人物，一言一行都深具影響力。

但，事實上，被甩的人會眞的希望對方比自己幸福？那瞬間，破碎的心能夠自動復原、誠心誠意祝福對方嗎？未免太委屈，年輕的小S還能去擺平爲自己叫屈的親友怒意，是值得獲得掌聲的。

鍾鎭濤有一首歌〈希望你過得比我好〉，當分手時間如同這首歌一樣老，這句祝福，我是願意相信的。

曾經，聽見一個女性朋友失戀時哭泣地喊著：「我恨他，我希望他永遠得

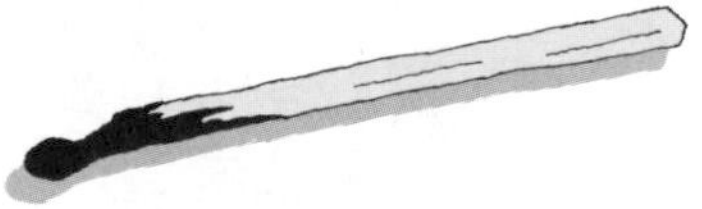

不到幸福。」

因爲恨意，女人在短暫的時間沮喪到不能自已，之後那股悲憤的力量支撐著她努力裝扮、充實自己、奮力工作，只爲想報復對方：「看吧，沒有你，我會更好。」

幾年後，女人遇見當初劈腿的舊戀人，那男人如同她的詛咒，事業不得志、感情也不順利，女人卻戚然落下淚來。

「妳不是曾經希望他不幸福嗎？他現在眞的不好，妳應該高興啊?!」一個朋友好奇地問。

「誰會眞的希望自己愛過的男人不好？這不是顯得我品味很差？」女人哭著。

「顯得我品味很差」聽起來很自私，這句話卻點出每個舊情人們，除了甜美記憶難忘之外的另一種眞實心境。誰都不願意承認自己曾經愛過的戀人是個爛咖；換句話說，當年的氣話成眞，對方在自己心中殘存的美好記憶也跟著銷毀。

究竟一個被拋棄的人，多年來的努力，結果竟只爲了一個現在變得很落魄的舊情人？就好像辛辛苦苦打到總決賽，對方突然棄權，一點勝利的感覺都沒有。

話說回來，會罵：「我恨他！我希望他永遠不幸福！」這句話，豈不是早已假設他未來會幸福、過得更好，所以才會詛咒？

哈，原來祝福的話，也有這樣的呈現手法。

不過，我倒常聽過許多有一些情感經驗的女性朋友在分手時，看似從容說出：「希望你幸福。」問起原因，她們難掩悲傷，還是微笑：「要不然能怎樣呢？恨一個人，痛的是自己，對方無關緊要，還不如乾脆祝福他。」

感情就像一趟旅程，一起同行的人忽然下車了，太傷感的人，很容易疏忽接下來的風景，無疑是損失。經常旅行、有過不同夥伴的人，終在多年後體悟，分享風景的浪漫與獨自感受風景的樂趣。

這樣的眞誠祝福，說實話是需要經驗與堅強意志力的，以消去法去除不必要太久的自溺。因爲事實不會改變，自己也不可能成爲好萊塢電影裡驚喜結局的主角，何苦讓自己一直成爲無聊的受害者?!

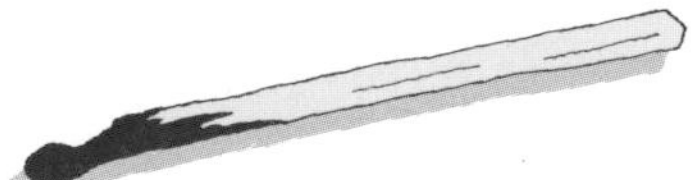

去愛吧，就像不曾受過傷害一樣。

但是，無論贖罪者被剝奪了什麼，受害者其實得不到什麼。或者說，得到了什麼都是不夠的。

由是，所有的過錯，事實上無法彌補。所謂的「改錯」，其實只是不再犯，對於錯誤本身，並沒有修正的能力。這是「贖罪」這本書裡揭露的真相。我們一般以為的救贖或補償，根底上是一種想像，於被害人沒有實質意義。「罪行」與「償還」在物質層面，其實是兩條平行線，永遠不可能交集。

在書裡，伊恩為白昂妮設計了奇妙的方式。既然能夠創造災難，相對便可以創造幸福。她為已經身亡的姊姊和羅比創造了一段延續下去的生命，讓他們在一起，結婚並且生子。給了他們繼續相愛的機會。

伊恩這本書是，以隱微的方式，對一切人世中的虛構者；編造的人，說謊的人，也或僅只是想像力發達的人，給予的一個忠告，或警告：一個全然虛幻的意念，並非不能傷害人。當它被導引，被重複，被以言語和動作「凝固」了之後，便成為可怕的力量。而這力量真確的可以傷人也可以救人。

白昂妮終其一生在試圖把真相說出來，還羅比的清白。然而與她共謀造成事實的的表姊羅拉，卻終其一生，不遺餘力的阻止白昂妮把揭發真相的書出版。

對於過錯，人類的對應方式其實不外乎這兩種。弔詭的就是，這兩種截然不同的對應姿態，事實上來自一個源頭，並且為了同一個目的，那就是心安。

白昂妮最後是以謊言彌補了謊言。這可能是補償的唯一方式。以虛構的善，來修正虛構的惡。白昂妮以小說家的權力，給予被她拆散的姊姊和羅比另一種人生。這虛構的，想像的人生，因為是時光中唯一的聲音，便成為比事實更真實的真相。（全文詳讀《贖罪》一書）

一般人之所以對公眾人物有所期許、對一部浪漫電影有所投入、對一支纏綿的情歌有所鍾愛，無非來自內心的反射力量，我們催眠自己：「有一天，我會獲得幸福的，我會比你幸福。」

吳宗憲的感情處理，以公眾人物身分，自然不宜，但，倒是一個非常寫實赤裸的案例。嗯，男人們如果有本事的話，說不定都希望能像他這樣自在遊走在婚姻與愛情中；無論男女，搞不好都曾夢想在大庭廣眾前在對方的照片上塗鴉洩憤。

這是人性脆弱，受了傷的人，那瞬間誰不想任性大罵：「我希望他永遠不幸福。」來發洩抑鬱的情緒。

有時候，我以爲與其隱忍、假裝寬容，最後搞成憂鬱症，還不如率直把氣話狠狠說出口，就好像膿包，不擠出來，無法痊癒。我們該慶幸彼此都不是有新聞點的公眾人物，即使分手或被甩，都不會被狗仔跟拍，可以大哭宣洩，不用講漂亮的台詞。如果那句氣話，從此成爲讓自己活下去的能量，活得更生動，也不錯呢。

只是，「我希望他永遠不幸福」這句話還不夠漂亮，我覺得最狠的話，是某年日本講談社推銷愛情小說的廣告詞：「我的幸福，是對你最大的報復。」

對一般人而言，小S現在的幸福，似乎是最成功的報復案例；有意思的是，眞正幸福的人，心中是罕有怨念的，再也稱不上報復了。

那時候，問你：「你不是希望他永遠不幸福嗎？」你搞不好狐疑：「有嗎？我什麼時候說過這句話？拜託！我當然希望大家都幸福，好不好。」哈哈。

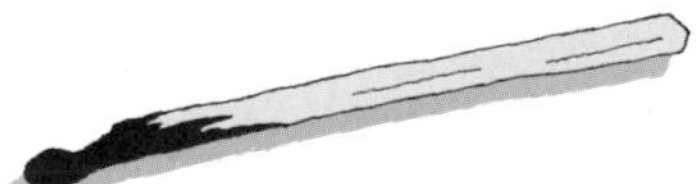

去愛吧，就像不曾受過傷害一樣。

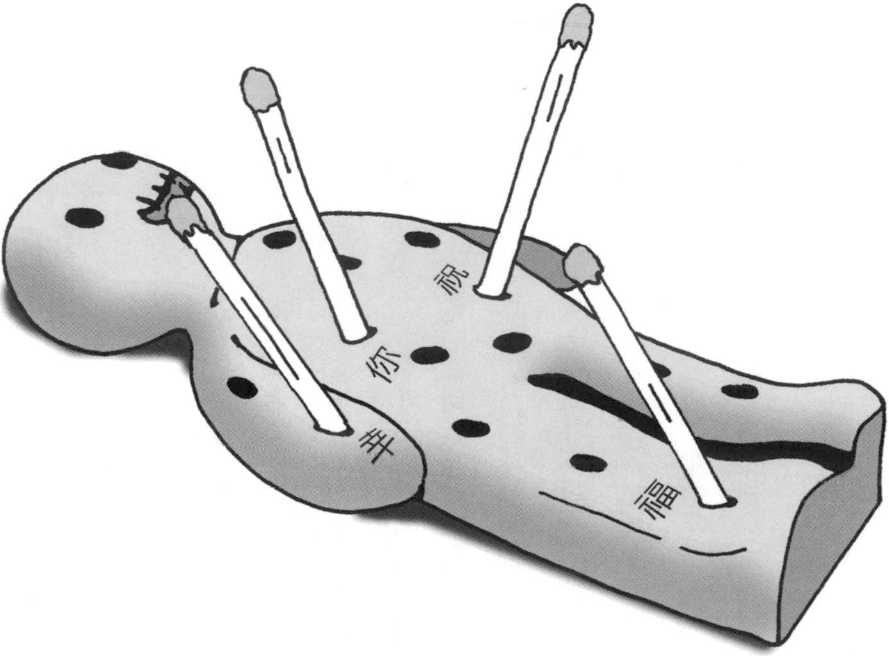
祝
你
幸
福

健忘，總比記恨好吧。

我的健忘在朋友圈是極有名，特別是以「不會認人」馳名。

前一天才開心聊過幾個小時，我可以第二天看到對方，露出陌生人的疑惑眼神；在戲院門口、大街上，有面熟臉孔和我打招呼，我前去和對方聊了幾十分鐘，離開後朋友問我：「那是誰？」我說：「我不知道。」這是實話，我想不出那是唱片圈、出版圈、電影圈、漫畫圈、雜誌圈、棒球圈或網友圈，哪一圈子認識的？只感覺面熟，對方打了招呼，有適當話題，我們就繼續聊。

本來最離譜的是，我以前的造型師室友，每次在家以外的地方遇到她，她一換造型，我都會認不出來，這件事被她笑了很久；這一年更離譜的紀錄，是和一個認識十多年朋友去酒吧喝酒，喝酒聊天幾個小時，他去上洗手間，把眼鏡戴上，一走出，我剛好在洗手間門口和其他朋友講話，看了他半天，還說：「嗨！你好！」竟以為他是剛進店裡的熟客。

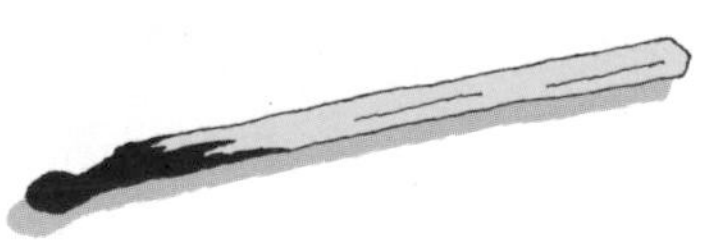

去愛吧，就像不曾受過傷害一樣。

「你是誰？」大概是跟我有點接觸，但不常在一起的朋友，偶爾會聽到我直率的言語，每次我都是笑著說不好意思，眼神不自覺表達疑惑，腦袋裡想這是誰。

雖然多數好友都會寬容我這個缺點，有一次還是惹火朋友。好友史丹利喜歡上一個女孩，特別介紹我跟她認識，因爲那女生和我一樣都是水瓶座，那夜我和水瓶女孩相談甚歡，大約聊了三個小時，幾天後，史丹利帶水瓶女孩來見我，我竟然是一臉「初次相見」的表情，史丹利氣死了，覺得我根本不「尊重」他的朋友。

我很理解這情緒，也感到愧疚，因爲男人在愛情裡面，他不要他喜歡的女人被他認眞介紹的朋友「忽視」。

上週，參加一個好友喬伊絲的派對，都是一些看似面熟又不知哪個單位的男女，喬伊絲因忙著水酒和點心，沒時間介紹我們。我於是窩在一個穿著時尚的女子旁邊，聽她跟朋友講話，她講話的內容很有趣，犀利直接，我想我喜歡這女人，只是很奇妙地，無論我怎麼善意回應或搭話，她眼神看都不看我一眼。

後來，進來一個男人，我腦筋一轉，啊，是我七、八年前的男友，他沒什麼改變，除了腰圍寬了一圈。我們客氣地寒暄並交換名片，那個看都不看我一眼的女人慢慢走到他旁邊。

這時候，我頓時恍然大悟，原來她是男人的老婆，在我跟那男人分手後，和他在一起的女朋友，後來結婚了。我聽說男人和我分手後，常常去買我的漫畫，他老婆因此對他大發脾氣。

也許她不願意回應我，不見得是記恨，只是尷尬與彆扭。

對這個題目，我突然感覺有趣起來。

想到古裝連續劇常有一句誇張台詞：「他就算燒成灰，我都認得出來。」如果是真的，簡直比美國影集CSI的科學探員厲害一百倍。哈哈。

後來，當我聽到蘿貝卡說起一個更不會認人的水瓶座女人離譜案例，不禁寬慰。

一個水瓶女跟一個男性分手狀態非常糟糕，水瓶女只要一講到那個男人給她的傷害，就痛不欲生。多年後，她跟朋友們走在街上，那個讓她狠得牙癢癢的

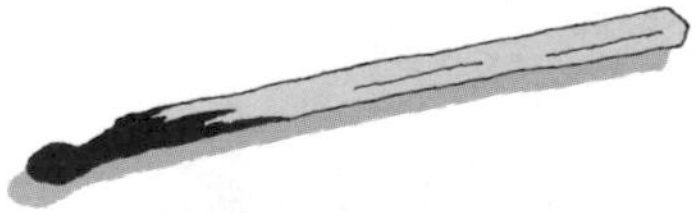

去愛吧，就像不曾受過傷害一樣。

男人竟迎面而來，朋友們尷尬地點頭打招呼，只有水瓶女完全沒反應。男人離開之後，朋友們抱怨水瓶女：「妳怎可以這麼不大方？連打招呼都不肯？」水瓶女一臉驚訝：「啊，那不是妳們朋友嗎？」哈哈哈哈哈。

可是說眞的，我，其實也小小擔心自己「不會認人」的毛病，會不會有一天我連舊情人都忘記了，還當作新認識的男人一樣，直到上床才發現：「唔，我們以前是不是認識？」

再換個角度思索，每個人的人生罕有一路順遂，或多或少都可能遇到一些欺負自己的歹人、有過某些悲慘的經驗，健忘說不定也是優點呢，健忘總比記恨好，讓我再度遇到討厭鬼時不會咬牙切齒。

曾經風光的戀人，和青春的自己。

「好想妳，那……我在妳家門口等妳。」男人說。

「太老套了吧，我最討厭有人在家門口等我。」

喬伊絲按掉第九次手機，無奈地說明那個男人八成喝醉酒，所以才會這麼盧。

蘿貝卡問：「妳對他的語氣未免太溫柔，爲什麼不狠一點？」

「……也許，因爲我見過他風光的歷史。」喬伊絲想了想，苦笑地聳聳肩。

喬伊絲和男人認識了十年，身分一直是男人的女朋友的朋友，打過多次照面，從來不熟。當年，男人三十出頭，高大俊秀，才華洋溢，在大公司擔任公關主管，常見他出現在媒體發言，事業做得有聲有色，是許多女生暗戀的對象。喬伊絲剛從學校畢業，雖有個交往幾年的學長男友，對這個男人不免有些夢幻憧

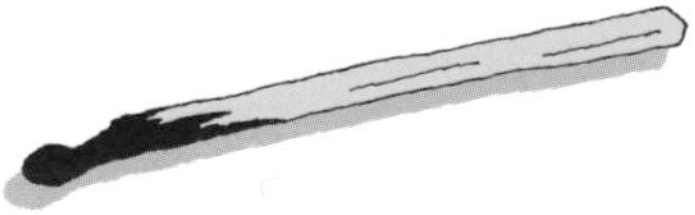

憬。

兩年前因工作出差在蘭桂坊的酒吧和男人意外邂逅，男人已經離開工作崗位，到香港創立公司，和當年那個女友早分手多年；這八年來，喬伊絲也經歷過幾段戀愛，兩個人聊起往事，可能是情緒或酒精作用，竟乾柴烈火熱戀起來。

剛開始，男人會浪漫地搭晚班機飛回台北來見喬伊絲，清晨再搭飛機回香港；喬伊絲也會趁假日搭機飛奔到香港和男人碰面；兩個人彷彿回到初戀般甜蜜。可惜，這段感情只維持兩個月，喬伊絲立刻發覺男人的公司並不順利，手頭也很緊，男人幾乎夜夜買醉麻痺自己，每次清晨打電話給喬伊絲，語氣總充滿醉意，當喬伊絲好意提醒他該專注在工作上，男人歇斯底里起來、口不擇言怒吼：「我知道，我現在落魄了，妳就看不起我，對不對?!不要小看我！妳以為妳是誰啊？妳不過是個屁！」

「我不是這個意思——」

「別以為我看不出來，妳就是這個意思——否則，妳上次為什麼要幫我付機票錢？妳在可憐我吧？」

雖然是男人的醉話，那瞬間，每一句惡毒的句子，彷若粉碎的玻璃杯尖銳的碎片，狠狠刺痛喬伊絲的心。喬伊絲握著手機、默默流著眼淚，聽著男人嘶吼了半個小時，第二天，立刻換了手機號碼。

「曾經風光又怎麼樣？都是古代的事了。現在，不過是個四十歲的失意中年老頭？他如果不尊重自己，誰會尊重他？」蘿貝卡忿忿不平：「妳當初離開他是正確的。」

我問喬伊絲：「那，他怎麼還有妳的手機？」

喬伊絲嘆了一口氣，原來上個月，他們在台北遇到了。

男人告訴她，去年結束掉香港的公司，負債幾百萬，但他一直很努力找工作，只是很不順利，希望喬伊絲若有機會可以協助他。喬伊絲面對男人脆弱的態度，不忍心，給了他新手機號碼。之後男人常常會打電話給她，一開始都是清醒狀態，也似乎很想東山再起，沒想到兩週後，故態復萌，屢屢喝得醉醺醺時打電話給她。

蘿貝卡開罵：「妳的母性愛，會不會太強了？」

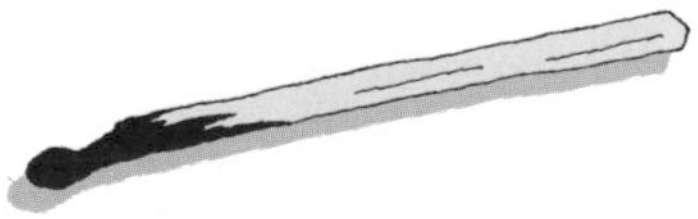

喬伊絲沉默很久，開口：「我也不喜歡這樣，但，我也不願意落井下石，他確實很糟，我希望……我至少扮演一個朋友的角色。」

「他又不當妳是朋友……搞不好把妳當炮友。」蘿貝卡直率地說。

「他不尊重自己，我至少尊重自己。」喬伊絲正色，蘿貝卡閉了嘴。

「然後呢？」我問。

「……艾莉絲，妳以前做唱片，一定遇過很多歌手曾經大紅大紫過，後來乏人問津，妳會怎麼看待那些歌手呢？」

喬伊絲突然這樣問，我愣住了，腦中輕輕翻閱起和自己和青春有關的音樂記憶，無數動人的歌曲響起，碰觸著自己的敏感的心；無數萬人熱淚感動的演唱會畫面掠過，每個年少輕狂的男女站在暗處，望著光，眺望偶像，包括我。

這瞬間，我懂得喬伊絲的心情。

對於曾經風光的人，或說曾經是自己夢想過的人，推翻了他，就像否決自己的某一段過去青春。我們總希望自己的偶像是不滅的，因爲我們希望承認那時候瘋狂的自己是值得的。

可是，月有陰晴圓缺，人都會有變化，偶像也是血肉之軀的凡人。我們愛過的人，即使過去有過風光歷史，都是凡人。

我們若有能力都希望給予幫助，但沒有能力拯救不肯努力的人，這是事實……雖心中不捨，忘不了當年的他，給自己的美好，如同每首動人歌曲給自己的感動，哎呀。

我好想對喬伊絲這樣說，最後沒說出口，也不需說出口，因爲喬伊絲已經是個三十七歲的獨立都會女性，自有清晰判斷力，我見她剛接起手機討論公事，就笑了。

「不行！現在就出這種差錯，我們怎麼可以信任？就算他們過去做過什麼成功案子，拜託！那是以前的事，我只想知道現在……」喬伊絲拿著手機，語氣嚴肅地。

振作！振作！勇士們站起來！你們以前不是這樣啊！

請不要尊稱我：「大姐。」

男人很愛被叫哥、哥哥、大哥，感覺如沐春風、威風八面，很遺憾，許多女人不吃這一套呢。

我只要聽到一分熟兩分熟三分熟的人左一句、右一句親暱地叫我：姐、姐姐、大姐……不知道爲什麼，立刻寒毛直豎。

一個圖文作者朋友沒格在微網誌貼了一個有趣的題目，她說：「男生，對年紀大的女生，尊稱姐……以爲人家會很開心，其實不然；買東西也是，叫專櫃小姐『大姐』，只會被白眼，更不可能給你折扣！」眾女性網友即刻心有戚戚，反應熱烈，當然包括我。

一個網友說：「我在公司被叫姐很久了，現在我也不過是敗犬女王的年紀啊。」另個網友說：「我才不喜歡被叫姐，特別是大姐，感覺好老喔。」還有網友說：「我都已經使用英文名字了，還硬要在我英文名字後面加一個姐，是怎

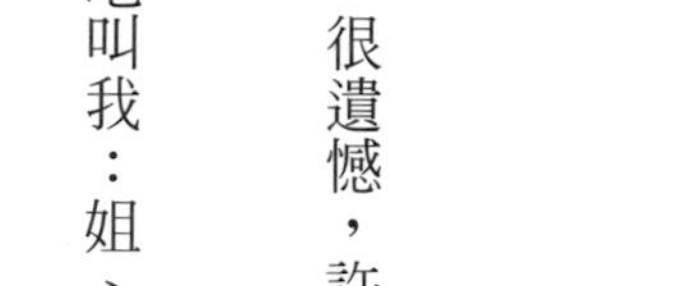

樣？怕別人不知道我年紀大嗎？」
男性網友立刻跳出來說明：「哎喲，稱呼爲姐，其實有一個涵義，就是尊敬。」眾女性紛紛回應：「我們才不要這種尊敬。」「我寧可被叫阿姨，也不要被叫大姐。」
男性網友小心謹慎回應：「所以稱呼女生『妹妹』，會比較好嗎？」
沒格回應：「不知道有一種叫做『什麼都不要的』嗎？」
賓果！四十歲的我，雖然在網路上從不掩飾自己的實際年齡，我確實不喜歡被稱呼姐、姐姐或大姐，反而喜歡年輕朋友的玩笑用詞「阿姨」、「歐巴桑」，感覺距離清楚、輕鬆自在，畢竟大家只不過在網路上聊天而認識的朋友；就算天天打字，我們不一定見過彼此；就算網聚見過，才幾個小時，就主動稱姐喚妹，搞得全世界都認爲我們彷彿很親暱一樣，讓我疑惑：「我們有這麼熟嗎？」
一個網友說到重點：「大部分的人，都不喜歡別人裝熟。」
另個網友更直率：「我才不管男女，會叫姐的，心機都稍重。」

這一點，許多職場女性都感受強烈，當業務往來、工作合作時，若有人會突然開口叫妳姐姐，或多或少意味需要妳幫忙；而男人喊妹妹，常常調情曖昧成分居多。多數工作中女性，眞的都不喜歡這種裝熟法，最討厭的，還是年輕女生動不動叫自己姐、姐姐、大姐。誰是妳大姐啊？

好友喬伊絲見識過一個慘痛案例，她在某個朋友聚會認識了一個模樣清秀的年輕男孩，男孩幽默風趣並且熱情細心，才剛認識，對每個人都親暱熱絡的以兄弟姐妹相稱，聚會結束後，也不斷表達對兄弟姐妹關心；大明的生日，男孩會在MSN暱稱大方祝賀；小美感冒了，男孩會打電話噓寒問暖；珊珊失戀，男孩甚至陪她去喝下午茶。

才一兩個月，周遭友人都因爲小美、大明、珊珊和男孩稱呼上的親暱態度，誤以爲他是個熟人。半年後，男孩人間蒸發，所有的人才驚愕發現，男孩在這個交友圈向一堆人私下借了不少錢，而這些哥哥姐姐則是背書者。同樣損失了一些錢的喬伊絲，從此對不熟的人叫她姐姐，充滿恐懼感。

「大哥」聽起來豪氣萬丈，古惑仔電影看太多的男人或許願意爲了一句

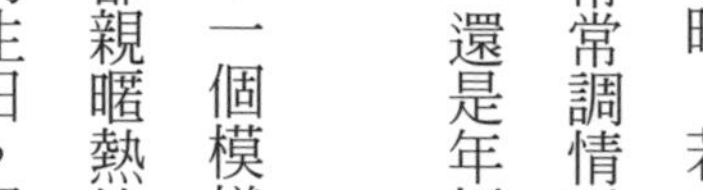

去愛吧，就像不曾受過傷害一樣。

「大哥」，痛快掏出錢包付帳；抱歉，女人被叫「大姐」，只感覺好快又好痛呢，快的是青春消逝得如此快！痛的是雷射美容！好痛。

友人史丹利抱怨：「大姐，只是男生對陌生的年長女性的尊稱，妳們女生想太多啦。」

唔，我可不可以不要被叫「大姐」，與其要這種尊稱，請尊稱我爲「美女」好了，就算我不是美女，多少會暗爽一下——這瞬間，我的女性朋友全部露出笑容，大力點頭。

就「甩了」吧！勉強不會幸福。

常有人哭哭啼啼說：「我被甩了！」或某些人大聲張揚：「我把他甩了。」

聽到時，並不喜歡這形容詞；偶爾，又忍不住羨慕，別說我沒有同情心……因爲「甩」這個動詞使用在這類情事訴說句型，顯然質地輕薄，面子重於情感。當愛情一變沉重，多數人都不再使用「甩」這種煽情字眼，同時發現「被分手」和「提分手」的差異；前者難過，後者難受。

難過的是：「自己有這麼糟嗎？怎麼又被拋棄？」

難受的是：「我怎麼又識人不清？我以爲這一個是終生伴侶……」

只要彼此曾經認眞對待一段感情，被分手的人和主動提分手的人，都一樣

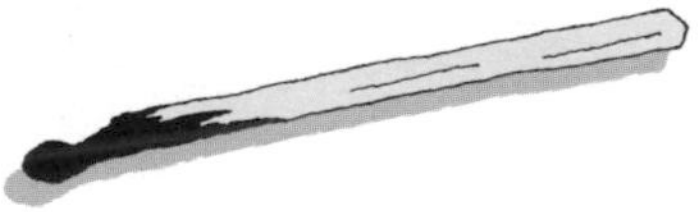

去愛吧，就像不曾受過傷害一樣。

難堪，一樣傷心。

史丹利是個不愛承諾、也不提分手的四十歲男人，他渴望有個親密守護的戀人，卻又害怕透不過氣的戀愛關係，每到感情瓶頸，就不由自主想逃走，選擇和男性死黨徹夜鬼混、不接電話，甚至糊裡糊塗發生一夜情，直到女友抓狂和他提分手，他才頓時清醒、難過得掉下眼淚，他不是不愛女友，只是不知道怎麼打愛情延長賽，於是常常被分手，沮喪得不得了。

三十七歲的喬伊絲對於沒有未來性的愛情，勇於快刀斬亂麻，卻總在主動提分手後，難受地暗自哭泣。因爲她的每段戀愛都很認眞，即使明知道是已婚男，總渴望有出頭天的機會；失業男，則鼓勵對方趕快找到工作；戀母男，曾期許對方有一天會長大、有自己意見。最後，希望只是重複幻滅，她終於不願歹戲拖棚、虛耗青春。

在這類成年人情愛關係裡，大家都是好人，沒有人是壞人，而主動提分手的人，彷彿是罪人。這世上，沒有人想當罪人吧？也善意地希望給自己和對方再一次機會，而機會一次又一次，選舉口號般教人失望。

上個月，聽到交往十二年的一對男女友人分手，男方私下透露：「其實在一起第二年，就發現彼此價值觀差異很大、根本不適合。」女方無奈解釋：「我認爲時間久了可以改變，沒想到越來越嚴重。」

另一對結婚十五年離婚的友人，男方委屈表示：「婚前，就知道我媽媽不喜歡她，我以爲有了小孩後會改變，但，我再也受不了當夾心餅了……」女方則撂話：「夾心餅？搞清楚好不好？那是你媽，又不是我媽！他每次只會落跑，把問題丟給兩個女人來處理……如果不是想給小孩一個完整的家庭，我何必忍耐這麼久？現在我都四十五歲了，還有人要我嗎？」

原來，世間許多愛情故事，遠看如同陽光燦爛下的湛藍美麗的海平面，沒有人知道水面下波濤洶湧如此劇烈。

所以，當藝人蔣黎麗離婚、哭訴她十六年的無性婚姻生活，十六年眞的很漫長，我雖同情，卻不驚訝。畢竟這種故事，不只螢光幕上的藝人才會發生。

只是，偶爾，想起，某些人談起分手，說「我被甩了！」「我把他甩了！」眞是羨慕啊，分手這檔事，能夠直率使用「甩」這個動詞的戀人，比起長

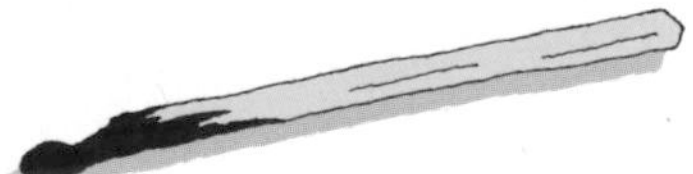

年說不出口、苦撐、維持假象的伴侶，痛快多了，也不用忍受長期折騰。

誰沒有自尊？誰不愛面子？誰希望在愛情中難過或難受？不過，會拖拉十年以上才決定分手或離婚的伴侶，第一年或第二年或許因爲自尊和面子，後面那七、八年，絕對是生活、工作、金錢、家庭牽絲糾纏在一起，才會難下決心。

喬伊絲經過幾段挫敗戀情後大徹大悟，發現與其演阿信（NHK日劇「阿信」一個委曲求全的堅忍女性），她寧願演齊藤太太（日本電視台日劇「斉藤さん」一個敢說敢言敢說ＮＯ的女性）。

「愛情，畢竟不是慈善事業啊，勉強不會幸福；我寧願當罪人，再也不要當善人了；不適合在一起的戀人，如同癌症早期，一發現就應該盡快治療。」深夜，喬伊絲在酒吧乾掉幾杯威士忌，語氣深刻對我這樣說：「幸好我沒結婚、沒生小孩，也不是名人，否則搞不好會像賈靜雯、王靜瑩一樣悲慘。」

我低頭盯著我的紅酒杯，反省上個月主動和男人提分手，情緒百般糾葛。雖然我說不出「我被甩了！」「我把他甩了！」這種膚淺誇大的語言，至少我「甩掉了某種不自然的自己」，再無須僞裝或妥協彼此的差異。

對！甩了吧！不是被甩或甩了人，某時刻，我們必須先把脆弱的自己給甩了！

「勉強，不會幸福。」離開酒吧前，我和喬伊絲一起舉杯，微笑，我們兩個人眼眶可能忍不住泛起一點點淚光，同夜空中煙火一般燦爛、美麗，卻如釋重負。

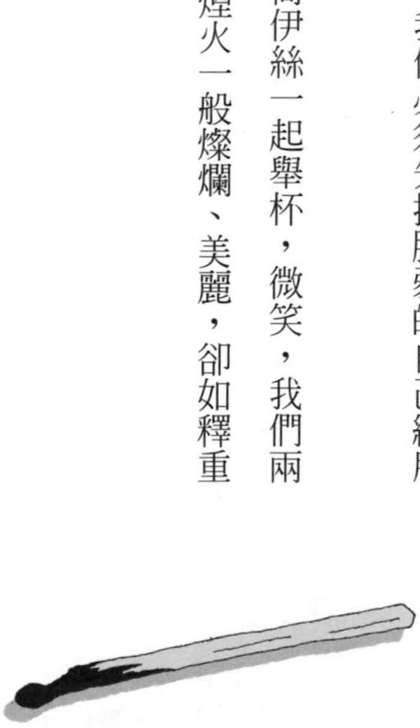

去愛吧，就像不曾受過傷害一樣。

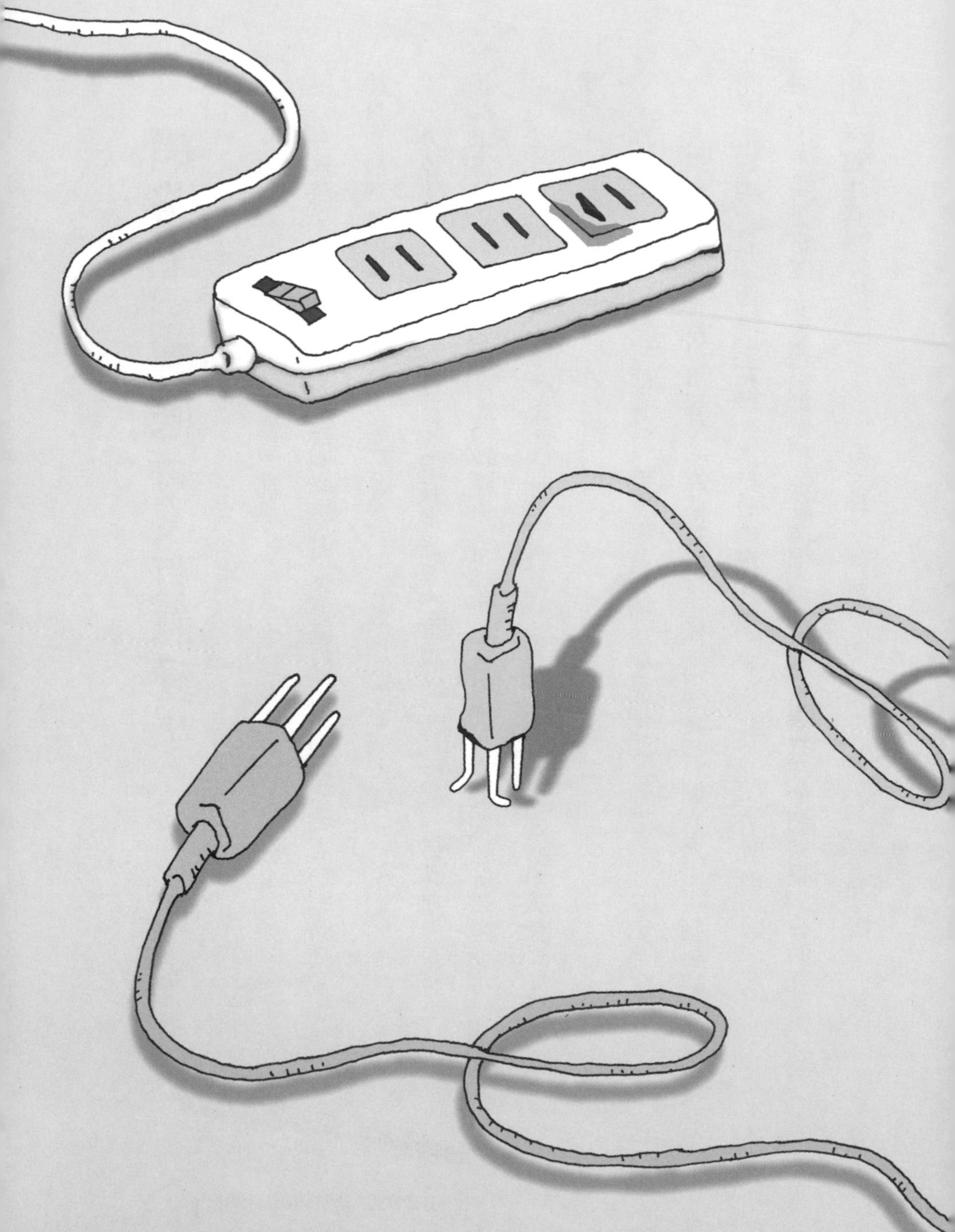

網路上，到底有沒有眞愛？

「網路上，到底有沒有眞愛？」是某夜談話性節目因藝人羅志祥網路交友事件引發討論的某個議題。

非常古老的題目，沒想到來賓反應幾乎一面倒。是爲了電視效果嗎？連回答都很古代：網路無眞愛、網路是虛擬、可變男變女、照片是假的，帥哥美女可能是恐龍……讓我瞬間充滿疑問：「爲什麼我以前搞的網站，不僅一堆人戀愛，還有一堆人結婚呢?!」

網友們老笑我搞「失戀雜誌」藝文網站，變成戀愛網站。

說眞的，搞這個網站九年，去年因疲累至極、自己也有個人人生規劃而結束。奇妙地，我卻因這網站參加過無數次網友婚禮呢，身分是「介紹人」；還簽過名，不是簽書喔，是新婚網友特地從南部拿到台北，讓我在他們結婚證書的介紹人欄位上簽名。

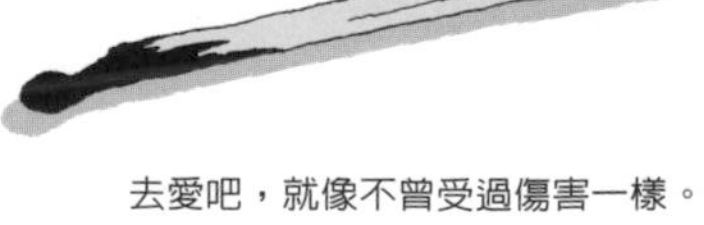

去愛吧，就像不曾受過傷害一樣。

最近，參加的網友婚禮是二〇〇九年三月十四日白色情人節，看著喜宴會場超大螢幕秀出我和新郎新娘之前聚會的合照，打上字幕：「我們的相識，首先要感謝上帝；第二個要感謝水瓶鯨魚——」把我嚇壞了，立刻想倒退三步，哎喲，螢幕也太大啦，害我很不好意思哩。

我從不否認，網路戀情也有騙人的，但不是佔多數。社會新聞充滿殺人事件，我們周遭的人，不是每個都可能殺人啊。嗜血媒體熱愛有賣點的題材，像什麼「網路甜姐兒，原來是一百公斤恐龍妹」、「網路陽光博士帥哥，竟然是四十八歲流浪漢」。喂喂喂，請不要把網路戀情老是搞成負面新聞，讓一些不會使用電腦、不了解網路生態的爸媽擔心得要命，以爲網路充滿虛假的人呢。

倘若要問「網路，有沒有真愛？」應該也要問「大馬路，有沒有真愛？」每個人對眞愛的定義不同，節目來賓鄧惠文醫師倒有明確提到這一點。

我私以爲網路不過是個媒介而已，從網路上認識的人可能很虛擬，路上認識的、聚會認識的就很眞實嗎？不是見過面就眞實，最眞實的還是來自一段時間生活相處。何況，世間也有相處十年，結婚二十年，才發現彼此根本不認識對方的吧？若要說網路容易遇到騙子，大馬路也容易呢，電話更容易，台灣最繁榮的行業「詐騙集團」足以證明。

非常有趣的，對於「網路上，到底有沒有真愛？」這題目，我把感想貼在微網誌，一堆網友竟紛紛跳出來說自己現在的男友、女友、老公、老婆，都是網路上認識的。有人說：「我每天都是家和公司兩點一線，同事不是結婚就是有對象，如果沒有網路，我要到哪裡去認識人？」也有人說：「相親或朋友介紹，比起網路，只是多一點真實履歷的保障，又沒保障我們在一起，一定可以幸福。」有的甚至說：「我的男友多數是從網路認識，只有一個不是，但那個卻傷害我最大。」呼，這些熱情反應和舉證，遠超過我的想像……害我要檢討我年紀是否和節目中的來賓一樣古代，即使經營過網站，仍有某些制式想法，呵。

倒是，節目中另個小煽情標題，我比較感興趣——「網友不肯見面，肯定有鬼？」嗯嗯嗯，倘若真心誠意在網路上「交朋友」許久，或抵達「彼此在戀愛」，某個網友卻依然不肯見面，真的很詭異。除非擺明純交筆友，否則很值得思考、警惕。

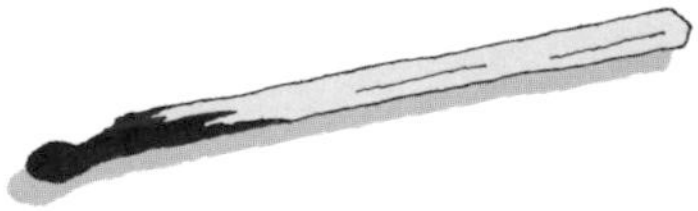

去愛吧，就像不曾受過傷害一樣。

這個才發展十多年的新世代科技產業——「網路」，在人和人的交誼上，可能眞眞假假不易看清，需要自身謹愼判斷……而這個肉搏戰的眞實世界，卻遠比網路更眞眞假假分不清楚呢。

比如，那些在電視螢幕上常露出和善可親笑容、曾說出冠冕堂皇夢想、熱血沸騰打廣告「清廉，正義，眞愛，守護台灣」的政治人物，當選後，許多都是網路恐龍。眞愛？什麼東西啊？

人間蒸發，超愚蠢的分手手段啊！

上個月，一個記者訪問我時，問了一個題目：「妳最討厭的分手方式是哪一種？」

記者繼續解釋，比如對方和妳說：「我們性格不合」或「我愛上別人了」，或者避不見面，就像人間蒸發。

我笑，快速回答：「這根本不用思考，當然是最後一種。」

「性格不合」，多半是禮貌性修辭學。

如果是真實狀態，你感覺和我性格不合，我也不會蠢到沒發現、沒看見、不理解，許多夫妻離婚理由都用這四個字，原因是禮貌，誰會在一起八年十年，才發現性格不合呢？

「我愛上別人了」，比較合常理，愛情經常突如其來，大家都喜歡嚐鮮，是人性。

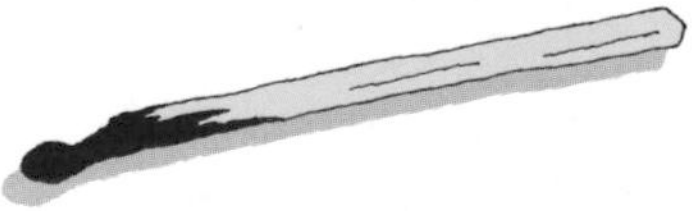

就像那一年，當你愛上我、我愛上你，我們心底都很想和原先那一半這樣說，只是膽小、怯懦、尷尬無語，逼急了才脫口而出。

「避不見面、不回答、不解釋」是最討厭的，好像看推理小說，不知道誰是兇手；看驚悚電影，沒有結局；寫了一個企劃案交給上司，石沉大海；看一場球賽，轉播畫面突然斷訊；朋友跟妳說一個秘密，說到一半，突然不講了。

如果，一個人和另一個人曾經相愛過，分手卻採取人間蒸發手段，是很可恥的，我私人以爲。

「人間蒸發」當然是一種形容詞，你我又不是通緝犯、詐欺犯、ＦＢＩ特務人員、外星人，怎麼可能人間蒸發？電影看太多了嗎？呵。

記者好意補充：「或許他愛上別人、或許他對妳沒感覺了，又說不出口，又怕妳崩潰，只好逃避，希望讓妳慢慢發現。」

「妳的意思是，如果『人間蒸發』是一種分手或逼婚手段，我以爲那還不如和什麼辣妹親吻上報更有效果吧？」我開起玩笑，意指香港倪震和周慧敏戲劇性分手又結婚的緋聞，記者一時愣住，說不出話。哈哈哈哈哈。

眞是可愛的記者小姐啊，即使記者在工作崗位上希望問一些讀者渴望或上司設定的題目，記者仍是個眞實女人。大家都歷經過情愛故事，或許運氣不好、多多少少各遇過「人間蒸發」的戀人，遭遇過不舒服的情緒，而，這情緒確實不舒服吧？

呵，我也是，我討厭在愛情裡使用「人間蒸發」這種手段的笨蛋。

說實話，與其說討厭，還不如說，我感覺好丟臉，我怎麼會遇到一個這麼膽小、不負責任、沒有危機處理能力的人呢？讓我受傷的是，我竟然還愛過他，我品味眞遜啊。

因此，某些時候，當我聽到好友討論一段戀愛，最後使用「人間蒸發」來形容，我都會同情她們或他們，如同再度面對自己的傷痕。

說起來，是這世代環境很詭異，每個書店的愛情教戰守則書籍充滿一堆：《把妹達人》《如何擺平男人》《戀愛的十種必勝攻略》……很少有書籍是《和平分手的一百種方法》或《人間蒸發，是最愚蠢的分手手段》。

雖然，世界上沒有一個人，熱戀的時候，就會思考怎麼分手，未免觸霉

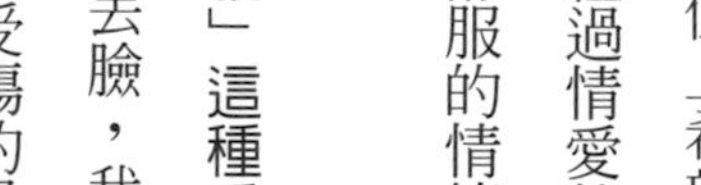

去愛吧，就像不曾受過傷害一樣。

頭。而好聚好散，確實是一件人生重要的學習課題。我私人以爲。畢竟，一輩子只愛一個人的傳奇愛情，只能在經典小說才能看到，就算《紅樓夢》《飄》都沒有這樣的劇情了。

那麼，我們還要為「人間蒸發」的戀人找理由嗎？不，我們只是在為自己找藉口，舔舐傷口，讓自己心情舒坦一點。

自從有一天，我檢視我斑駁的傷痕，清楚體認這件事實，我就毫不猶豫把「人間蒸發」四字從我的辭典刪除。世間愛情，沒有「人間蒸發」這件事，只有愛或不愛，要或不要，能或不能，勇敢和膽怯。

可愛的記者小姐聽完，小小嘆息；我看著她，也嘆息起來。

我想，我們嘆息的原因是，我們仍無法忘記我們曾經愛過的人，曾給予我們那些浪漫心動的美好情節，我們並且一點都不願意思考他們膽怯時、殘酷淩遲我們的過程。

這瞬間，我心想，若那些愛情中沮喪和心痛的記憶傷痕，也能隨時「人間蒸發」，有多美好啊。

戀人好聚好散的樓梯。

常常在想，戀人分手，其實彼此都需要樓梯。讓他好下，讓她好走。可是，這座「好聚好散的樓梯」眞不容易找，五金行也買不到。

戀愛如同上下坡，開車的人都知道，爬坡艱辛，下坡艱險；爲了一饗山頂風光，上坡揮汗不足惜；閱覽過景觀，無論好壞，情緒鬆懈，下坡最易釀成災害。戀人的樓梯，道理相同，談過幾次不順遂戀愛的人，應該都了解。

當愛情走到下坡，該怎麼給對方一座好的樓梯？該怎麼給自己一座好的樓梯？好聚好散的樓梯難尋，快速散場的門，倒清楚易辨。

說：「我不愛你了。」還是「我愛上別人了。」哪一種快？

答案很簡單，後者殺傷力一定比較強。

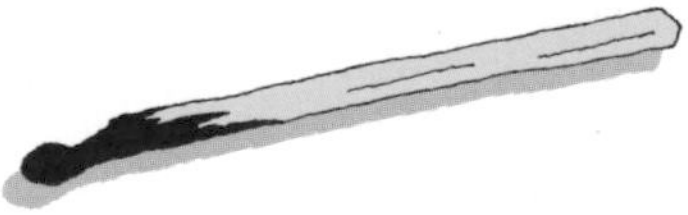

去愛吧，就像不曾受過傷害一樣。

說：「我覺得我們性格不合，當朋友好不好？」還是「我無法改變自己去配合你，對不起。」哪一種快？

殺傷力相當，只是不爽快。

說：「你很好，可是我沒辦法和你繼續下去，抱歉。」還是「你很好，但我感覺我現在不適合戀愛，抱歉。」哪一種比較容易快速分手？

喂，溫婉度就是另一種不爽快的殺傷力，如同足球的「加時延長賽」。若遇到糾纏或拖拉的人，就算頒發「好人卡」，也只當作黃牌警告，非紅牌亮相，不見黃河心不死。

誰願意以驅逐出場的方式來當作戀愛結局？誰都不想當壞人。

倘若眞心誠意愛過一場，沒有人會喜歡一翻兩瞪眼的殘酷十二碼ＰＫ賽。

特別是，妳不是不愛他，妳也沒有愛上別人，只是撐不下去了；妳不是不喜歡有人相依相偎，卻痛恨生活瑣事常無風起浪；根本沒有什麼大事，為什麼兩個人總是在吵架？對，為什麼剛開始互相喜歡的人，後來要這樣莫名其妙冷戰？

一般戀愛蜜月期，也有三個月或半年；球賽也分上半季、下半季賽程……女人和男人才在一起兩個月，頂多比棒球春訓多一個月，會不會太短了？

妳心痛自己的一段戀情比棒球春訓還短；棒球迷痛心四年一次世界棒球經典賽，二○○九年中華隊不到二十四小時就打包告退。心境一樣。

可是，未來日子還長，戀愛不該放棄、球賽還是要看、生活要繼續。怎能因爲一點挫敗失望就以爲再也不會遇到好伴侶？就認定中華隊下次還會再輸球？

她，不是古代那種委曲求全的人，無法忍耐，仍希望任何事情可以正向思考，即使過去談過無數次不順遂的戀愛、傷透了心，再度發現這一次遇到的戀人和自己仍然像ＡＭ、ＦＭ頻率，無法溝通……重點是，妳是熟女了，ＡＭ和ＦＭ本來就是兩種頻率，何必要求融合？搞不好有一天這兩種溝通頻率會像ＰＣ和ＭＡＣ一樣結盟，找出合作軟體。

好吧，愛情或許困難一點，就像美國大聯盟棒球中美聯和國聯對於投手不同規範，投手還是必須上場打球，即使是擁有兩年十九勝風光紀錄的王建民怕受傷，也得上場。運動戰場很現實，愛情戰場也一樣，並有共通議題：青春或體

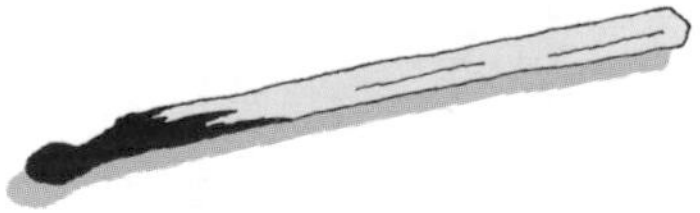

去愛吧，就像不曾受過傷害一樣。

力。

深夜，在小小壽司店聽和我一樣熱愛棒球、足球的女性好友史黛西講起她近期某段兩個月快速又短暫的戀情過程，以及自我分析檢討。感觸很深。史黛西不是不愛那個男人，卻無法忍受那個男人；史黛西口中的男人是個善良的人，也是個任性的男人，是個自傲的男人，也是個自大的男人，是個有才華的男人，也是個失業的男人。

史黛西嘆了氣，又笑，重複說了一遍：「哎喲，未來日子還長……戀愛不該放棄、球賽還是要看、生活要繼續，這樣比較健康吧？我哪知道我要消耗多少青春陪伴他『漫長的省悟』啊？我又不是他媽，可以一輩子等待，拜託，女人青春有限。」

我想起自己，這半年的類似遭遇，眞不好意思重複，只能喝乾一小杯清酒，開起玩笑問史黛西：「結果，妳找到妳的樓梯了嗎？」

「告訴我，妳認爲B&Q有賣這種『好聚好散』的樓梯嗎？」史黛西瞇著眼笑看我。

哎喲！如果有這種樓梯，我也想買幾座存放。不景氣不知道要持續多少年，而男人的自尊面子在這年代比女人還強好幾倍，不知道會持續多少年……我累了，演不下去了。

這一刻，只有林青霞安慰我，她搞不好拍了一百部電影，當記者問起她的情事，她說：「我演自己，演得最差。」充滿戲劇性的大明星都找不到樓梯，我們是俗男俗女，就寬心承認吧。

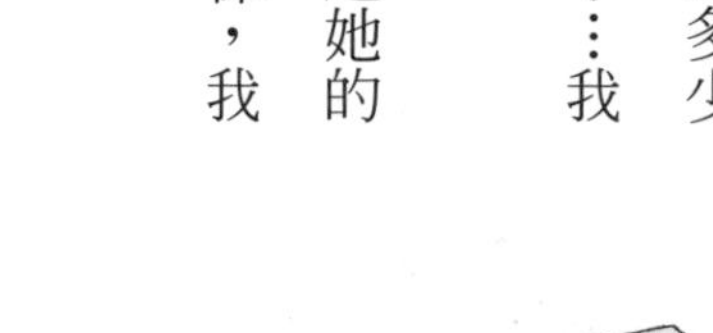

戀愛如同上下坡，爬坡艱辛，下坡艱險；
當愛情走到下坡，該有座什麼樣好樓梯？
讓你好下，讓我好走。

愛慾不振的蛋炒飯。

雖熱愛做菜和美食，我卻有週期性的食慾不振毛病。

突然間，做什麼菜都不對胃口、吃什麼都感覺不好吃。明明感覺飢餓，腦袋裡卻想不出要吃什麼，有時煎個蛋或吃塊涼拌豆腐敷衍了事。

大雨夜晚，我思考了許久許久，決定吃蛋炒飯，但煮一杯白米飯，食量過小的我，一個人總要吃上兩天，很麻煩。我於是撐著傘去熟悉的巷口買蛋炒飯，意外的是小餐館八點半提早打烊了；我想，那就去買個滷肉飯回家加料做成炒飯吧，更沒想到小吃店也洗起鍋碗。

結果，我撐著傘，呆立在雨中足足二十分鐘，排骨飯、水餃、乾麵、小籠包、肉圓、蚵仔煎……腦中掠過的食物畫面，竟沒有一樣可以誘惑我。

「妳最後買了什麼？」好友史丹利問。

「蛋炒飯。」我老實說：「沒辦法，那時候我腦中畫面只有蛋炒飯，後

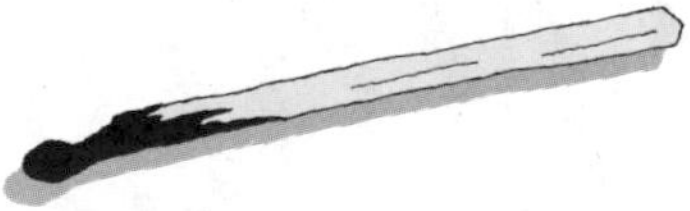

去愛吧，就像不曾受過傷害一樣。

來，我跑到一個正式餐廳買了一份青椒牛肉蛋炒飯，很貴，兩百元呢。」

「結果，還是一樣嘛！」史丹利大笑。

「不要笑啦，這可是我的苦惱呢，你不覺得食慾和愛慾很像？有時候，雖然寂寞，卻突然不想和任何人在一起。」

「然後腦中浮現，胖的、瘦的、高的、矮的，就像水餃、乾麵、小籠包那樣思考嗎？」史丹利開起玩笑。

「沒錯，有時候就是突然不想跟任何人約會，也不想和任何人上床。」

「搞半天，妳想吃炒飯，卻不想和別人炒飯。」

「吼，難道你就沒有不想『炒飯』的時候嗎？」

史丹利開始思考：「說實話，我飢餓的時候，是很少遇到味覺失靈問題，不過，確實有突然不想和女人上床的問題，感覺很麻煩，還不如靠黃金右手。」

「哎喲，差不多意思嘛，我也想自己做蛋炒飯，那瞬間就是感覺麻煩。」我說。

「所以，每個人的愛慾和食慾都會有不振時候嗎？」史丹利疑惑地。

唔，這題目，我不是專家，還眞無法直率回應，畢竟每個人都不一樣，我只能表達我的個人感觸。

其實，我不是不曾留戀或思考過，那些浪漫纏綿、那些痛楚掙扎，太難了。我沒有古代女人的耐性。我沒辦法放棄我自己，去配合任性自我像小朋友的男人。某些莽撞或勇敢的愛情，寫在故事中的，稱之淒美；留在眞實人生中的，總唏噓不已。

我想，我的愛慾同食慾一樣，總有週期性，需要休假。

煽情的流行歌曲在風中掠過，樹梢幾片枯葉飄落，同那些我聽過的情話，緩緩落在我的掌心。在感情綿密交織的城市，頹落的枯葉是昨夜說「好久不見」的舊戀人；新枝發綠的嫩芽，像初識新朋友說「嗨」。腳下踩的土壤，卻融合新枝舊葉，散發出我不了解的奇妙氣味。

好吧，我的愛慾同食慾一樣，總有週期性，需要休假。

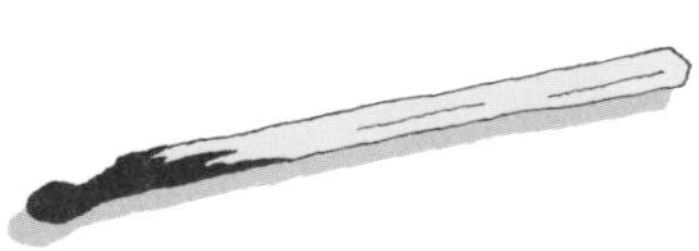

去愛吧，就像不曾受過傷害一樣。

只是我不知道該請假多久。所以，當我不知道該怎麼正確直率表達對某個人的感情，我只好把這段時間，當作放一個長假。或許過一段時間，我就會恢復味覺，也許，對某個人的味覺。

也許有一天，我不會再突然喪失味覺，表示，找到了正確的我自己。是這樣嗎？不知道……我慢慢吃起今晚的蝦仁蛋炒飯。

極品男人，誰禁得起慢燉細熬？

港台近年流行「好女人，就要懂得煲湯」，事實上鍾愛煲湯的女人，心底都希望自己的男人就像自己煲的那一小鍋湯，慢燉細熬，熬出味道。

雖然在不同國家喝過無數口味羅宋湯，我，還是比較喜歡自己私房燉的羅宋湯，料好工細並且材料豐富。世上罕有人是天才，一開始學燉湯，誰可燉出神仙美味？如同戀愛，剛開始總是笨拙，直到經過眾前男友調教，才知道技巧和方寸間拿捏。

在燉湯和挑選男人部分，我恐怕都不是天才，但累積的用功分數，勉強可算得上資優生，呵。

正宗的羅宋湯據說指的是俄羅斯的紅菜湯，東歐國家如波蘭、烏克蘭也流行這種鮮濃的甜菜湯。我的羅宋湯有些改造，材料主要是：牛腩肉或帶筋牛肋、洋蔥、蘑菇、番茄、紅蘿蔔、馬鈴薯、芹菜、青豆、紅酒、奶油、藍起司，偶爾

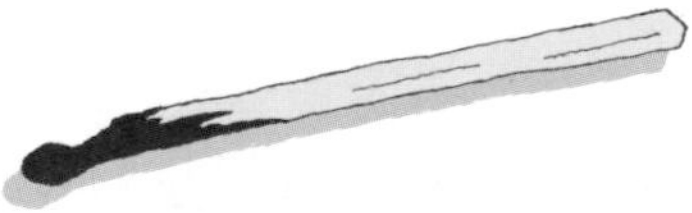

去愛吧，就像不曾受過傷害一樣。

會加入烤過的台式香腸片或德國火腿片、小玉米、菱角。

一般羅宋湯，當然沒有辣味，我卻獨愛有點花椒麻辣滋味的香氣。所以，光醃肉，我就必須醃二十四小時。做菜前一天，先用花椒、辣椒、橄欖油以小火一個小時炸出有花椒麻辣味道的香油，然後把去血水的切塊牛腩肉抹上海鹽，置入炸出的香油並加入切碎的新鮮巴西里（不好意思，我是自己種的），倒入一點紅酒，在冰箱醃浸一天。

這麼麻煩啊？才不呢，這世代女人，對於曖昧戀情的萌芽可都是小心翼翼。做菜的複雜程序比起戀情複雜思考簡單多了，才一天，哪算麻煩呢？

男人不要老想著三分熟、五分熟的牛排，那些上桌的頂好牛排，哪種不是之前就計算過火候、練習過程序？呆子。

羅宋湯接下來正式程序：第二天，起平底鍋以奶油爆香蒜片和洋蔥，洋蔥一定要炒到焦黃，加入蘑菇片略炒，全部倒入湯鍋，加入四顆去皮大番茄、牛尾高湯、三片月桂葉。另起一平底鍋，把醃過的牛腩肉抹上一點點麵粉，以昨日爆香的花椒香油煎熟後，紙巾濾油，再丟入湯鍋，和其他材料一起慢燉兩小時。

不好意思，此刻，仍需再起一次平底鍋，把切塊的紅蘿蔔和馬鈴薯分開以無鹽奶油煎過後，分別丟入湯鍋中（紅蘿蔔先放、馬鈴薯二十分鐘後放），一杯紅酒，最後加入青豆和藍起司。細燉慢熬總共三個小時。

蘿貝卡狼吞虎嚥時，誇張說：「天啊，這湯簡直是高潮，有男人可以給妳這樣的高潮嗎？」

我笑：「妳是說像煲湯的時間嗎？兩天？三小時？」

那瞬間，我們互望一眼，都笑了。

其實，也曾有男友在十三分鐘內把我一整鍋羅宋湯都吃光，卻根本不在意我花了多少時間去燉一鍋湯；或超過三十分鐘後吃了一口，說：「好吃，可是不好意思，我之前吃飽了。」再沒動過筷子。

對男人解釋煲湯時間有用嗎？嘿，這眞是難題。不過，男人對自己給女人的高潮時間，鐵定分秒計算呢。

煲湯比熱炒的好處是，我可以不虛僞使用形容詞：「時間好久喔。」

一般男人搞不好會立刻嘿嘿開起玩笑：「眞的很久嗎？」

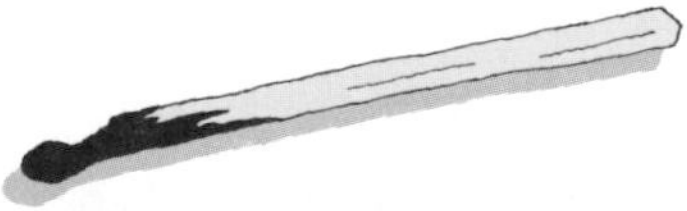

去愛吧，就像不曾受過傷害一樣。

煲湯如同戀愛，都需要精準火候。
我們總在起步時演出笨拙，
挫敗經驗中，領略分寸拿捏。
只是，好湯可以一煲再煲，
戀愛，我卻不想一談再談。

舊戀人的結婚喜帖。

創作才女黃韻玲有一首知名的暢銷歌曲〈結婚喜帖〉，是首有低沉男性法語口白的悲傷情歌，詞意彷若歐洲藝術電影畫面。

灰色的大街，彷彿下著雪；
原來是，原來是自己的錯覺；
原來是，熱淚遮住了視野；
原來是，早晨接到戀人的喜帖；

一對戀人，在雨中的站牌下吻別，我在冷風裡過街。

二十幾歲時，聽到這首歌，初嚐失戀滋味的我，竟在深夜低泣不已，熱淚同灰色屋簷上融化的雪；不知道是被音樂感動或被自己的想像力催眠，充分能夠

去愛吧，就像不曾受過傷害一樣。

感受一個單身女子在清晨信箱打開喜帖時顫動的手指，和「新娘不是我」的寂寞心碎。

三十歲以後，再聽這首歌，仍是一首動人的歌曲，情緒卻截然迥異。多希望北風最好能把那張喜帖吹到遙遠的西伯利亞或墨西哥，因爲我腦中想的是：「是哪個混蛋，敢寄喜帖給我？」呵。

說實話，這些年，我幾乎沒收過舊戀人突如其來的喜帖。

如果收到，我想，我會輕蔑他。

當愛情走到盡頭，各奔前程，若渴望我的眞誠祝福，這世代有簡訊、有電話、有E-mail、有MSN，可以透過各種形式，讓我理解，而非一張冠冕堂皇的喜帖。

除非，我們十多年沒見。

除非，我們後來變成朋友。

以上，兩種關係大大不同。

第一種關係，十多年沒見，多半也成陌生人，再無交集，爲什麼要寄喜帖給舊情人？居心叵測。

「可能是來示威，告訴妳，他很幸福。」史黛西想了半天。

「我看是經濟不景氣，想騙禮金吧?!」蘿貝卡則直率出口：「都這麼久沒聯絡，如果他還愛妳，就不該胡亂寄喜帖；如果他恨妳，都這麼久了，還記恨，未免小家子氣；如果想見妳，也該先打個電話……喜帖，可不是『同學會通知單』這種東西，怎麼可以隨隨便便寄給舊情人呢？」

蘿貝卡說得對，沒錯，這種傢伙很混蛋，幸好我沒有這種爛經歷。

第二種關係，倘若是昇華爲朋友的舊情人，更不該胡亂寄喜帖給我，他應該在寄喜帖之前，先打個電話告知，問我想不想參加他的婚禮？因爲參加婚禮的朋友們，可能有許多是參與過我們那段戀情的友人們，誰都不希望被說嘴或被誤會，如果這個舊情人還算得上是朋友，他應該有身爲朋友的體貼和禮貌。

這樣先被電話詢問的經驗，我倒是有幾次，有的我去參加，有的我婉拒。

去參加的是初戀男友的婚禮，他的妻子是我的讀者，大家都認識一段時間，婚禮派對熱熱鬧鬧，舉杯道賀，我們相互微笑，同紅酒一乾而淨的往事。

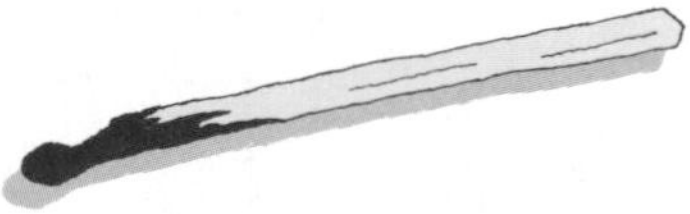

去愛吧，就像不曾受過傷害一樣。

婉拒參加的婚禮，自然連帖子都不會滯留在我的信箱，而我的傷感不是那張沒收到的喜帖，而是對話。

「妳，應該不想參加我的婚禮吧？」

「你，覺得我應該參加嗎？」

「……算了。」

「嗯，算了。」

還有些許情分擱淺在心底的戀人對白，即使短短四句，都比黃韻玲的歌曲還傷感，因爲此刻在冷風中過街的是——不再會衝動熱淚盈眶的自己，那些抒情善感的青春情懷，早不知道飛到西伯利亞或墨西哥，再也回不來。

去愛吧，
就像不曾受過傷害一樣。

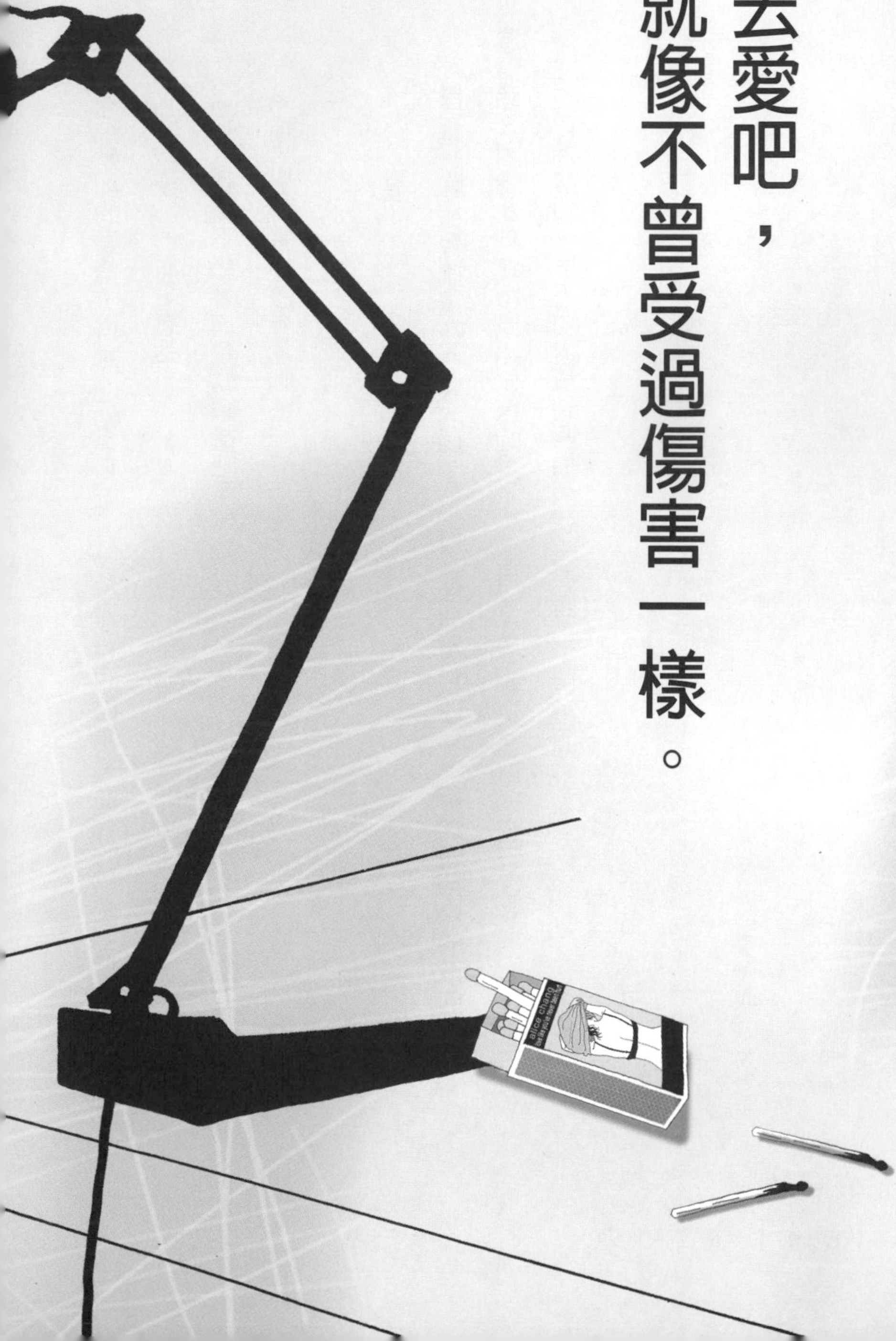

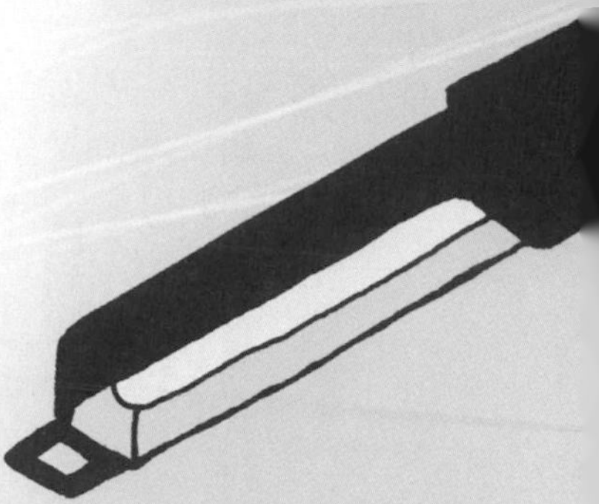

去愛吧，就像不曾受過傷害一樣；

跳舞吧，就像誰都沒有看到一樣；

去愛吧，就像不曾受過傷害一樣；

唱歌吧，就像沒有人聽一樣；

工作吧，就像不需要錢一樣；

生活吧，就像今天是最後一天。

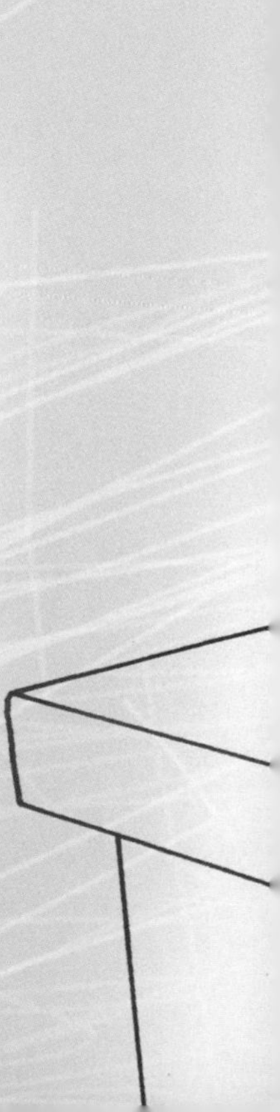

一個做菜狂女人的感情疑惑。

我的做菜慾念，如同思念，總是一觸即發，不可收拾。

甚至作夢，我也常常夢到怎麼去做一道菜，步驟是什麼，食材怎麼醃製、菜怎麼切、高湯怎麼弄、應該使用什麼配料，即使我還閉著眼睛躺在床上，食物的味道，竟然就在我的臥房蔓延開來。

雖然在喝酒場合認識我的朋友，或長期跟我一起工作的夥伴，聽到我不離嘴的話題，若不是工作就是戀愛之類，偶爾會聊聊新聞八卦、教改、棒球和足球，可是一聽到我喜歡做菜，幾乎每一個都會驚訝地大聲說：「妳·會·做·菜？」而許多來採訪我的記者，更是直率：「妳不像會做菜的女人。」

沒錯，我確實同意我這種酗菸酗酒日夜顛倒的模樣不像是喜歡做菜的女人，可是，一般世俗認爲喜歡做菜的女人是什麼樣子呢？溫良恭儉？賢淑持家？是這樣嗎？

事實上，我認識許多非常會做菜而且充滿做菜慾的女人，都是工作上精明幹練的女人呢。我有個拍電影的女性朋友做菜慾跟我不相上下，因爲突然想做韮黃蝦仁水餃，半夜擀麵皮包餃子，然後打電話給一堆朋友，親自把韮黃蝦仁水餃送去給朋友嚐，因爲一個人吃不完。

我非常能理解這種心情，因爲做菜，正是我最喜歡的娛樂活動，而食譜是我最喜歡的書籍。

這對許多辛苦的專職家庭主婦而言，大概不容易認同，也對，我隨便猜想——可能因爲我是單身女子的關係，所以做菜才會變成餘興節目，換句話說，自從畫圖寫作成了工作之後，我現在也很難認爲圖文創作是娛樂，哈。

暑夏一面看著球賽，忍不住想吃涼拌或開胃食物，發現附近的超市改了裝潢後，增加了一些泰國調味食材，比如南薑、香茅、檸檬葉、魚露、泰國酸辣醬、青咖哩醬、椰奶，便試著做了泰國海鮮酸辣湯、涼拌花枝、涼拌粉絲、咖哩雞肉、辣拌肉等，最後不知怎麼迷上生菜蝦鬆（也可能因爲我愛吃）。

其實，做菜都需要訓練，反覆練習，才能熟而生巧。於是這些日子，我都在練習做生菜蝦鬆，試了好幾次，終於找出一種我最喜歡的辣味生菜蝦鬆。肉類的比例，我選用豬絞肉、雞肉、草蝦肉爲一：一：三，感覺才夠香，並且加入泰國辣椒粉炒，熱辣開胃，包在冰涼的萵苣葉裡，一面看著足球賽，一面喝海尼根，人生眞是太美妙了。哈哈。

許多傳統戀愛教戰守則總有那麼一條：「要抓住男人，請先抓準他的胃。」意指男人總是喜歡會做菜的女人，如果妳會做菜，做男人喜歡的菜，妳就成功一半之類……可惜，這件事從來沒發生在我身上，這是我常回應給女性好友的答案。

女性好友們嘆氣：「唉。」

我也嘆氣：「唉。」

女性好友們說：「妳老是遇到怪男人。」

我笑說：「不，我老是愛上錯誤的男人。」

對許多女人簡單的夢，對我卻很困難。多年來，我經常夢想自己會遇到一個食量大、食慾好、酒量不錯的男人，可以跟我共享我做的美食、一起飲用美

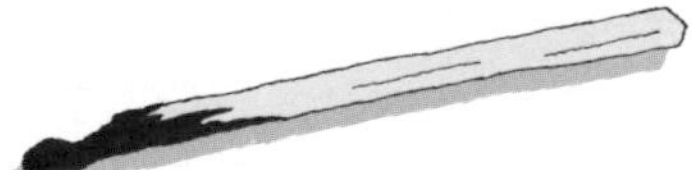

酒，一起看棒球比賽或足球比賽的男人。

蘿貝卡偶爾開玩笑說：「妳是男人就好了，我多想遇到喜歡做菜的男人，然後我就當個大小姐享受服務，多快樂啊。」

我立刻笑了：「我可一點也不想遇到會做菜的男人呢。」

說眞的，這世代會做菜的男人越來越多，感覺挺好，但我個人卻不太喜歡有人搶走我的廚房。

三十歲以前曾交往過一個香港男友，非常熱愛做菜，做得挺好，我也喜歡廣東菜，遺憾的是我的食量不大，無法盡情享用，老剩下一堆食物，彷彿不夠領情。我自己心底掙扎的卻是，這男人對我這麼好，我不該挑剔的，可是他霸佔了我的廚房，剝奪我的興趣，讓我充滿失落感，這該說性格不合嗎？呵。

曾經跟幾個女性好友認眞聊過此問題，發現人與人對於「付出與獲得」，感受是很不相同的。蘿貝卡喜歡男人做菜給她吃，我卻喜歡男人吃我做的菜，我們共同答案都是：獲得。

後來，我仔細檢查並統計我喜歡的女性好友們，大部分竟然都是食量大又喜歡美食的人，並且在享受美食時，會充滿喜悅表情；然後，我再度審查吸引我的男性們，通常也具有這特點。這真的非常有趣並詭異啊。

麻煩的是，許多男人通常認爲一個女人爲他們做菜是「付出」，從沒想過那是一個做菜狂的「獲得」，故事就枝枝節節、複雜了，因此，我通常寧願花很多時間做複雜的菜色給女性好友享受，她們開心享用的表情，太取悅我、滿足我，那可比男女關係簡單多了、沒有男女的內心戲，多棒呢。

如果撇開世俗觀點與世俗加諸的壓力，你會發現大部分人的樂趣都很微渺，只是要一個知己，一個了解自己樂趣的人，並且能自然分享。

那麼我要的是一個喜歡美食、食量大、吃到好吃東西感覺快樂的男人，即使我做好了菜，在他旁邊抽著菸、喝酒、享受他大快朵頤，他都不以爲意，他像他自己。

這樣很難嗎？嗯，我的經驗，很難。也常疑惑，爲什麼這麼困難啊？

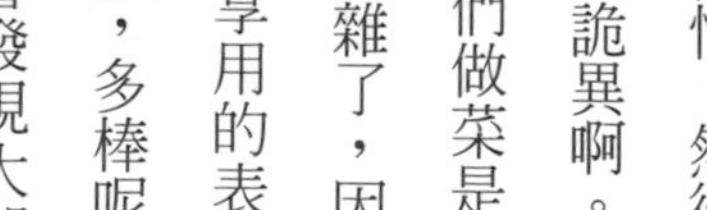

雖然做完一桌菜……
這樣的我，
看起來，有賢淑嗎？
才怪。

缺少大量香料的蛤蠣。

「海鮮直接用火烤是最美味的。尤其是貝類，一遇到火，裡面的海洋精華濃縮體液就凝成湯汁，滲出香味。

放在火爐鐵網上烤香的蛤蠣喀喀地抽動，受不了後只好啪地應聲打開。這時刻不容緩，得趕緊淋上一點醬油，直接在殼中充分拌勻湯汁和醬油。

「這時候會有一股難以形容的海潮香味撲鼻而來。在醬油燒乾之前，得迅速離火，待蛤蠣肉適度吸入冒著泡泡的湯之後，就以筷子剔下挾入口中。臼齒一嚼香Q帶勁的蛤蠣肉，熱騰騰的湯汁瞬間在口中融化……」

看到這麼美妙誘人的文字，想必你和我一樣，口水都流下來了。

這段文字出自平安壽子的小說《調味戀愛》中的〈野蠻人的食慾〉，因爲說的是美食和愛情的關係，這本小說因此高居「我的平安壽子小說排行榜」第一名。

前些日子，和蘿貝卡去了一家類似日式居酒屋和台式美食混合的小店，這

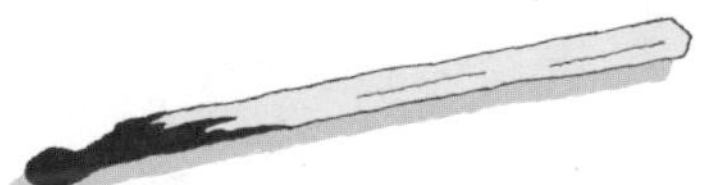

家小店最有名的是新鮮烤魚。我意外看到櫃台有一大盆正在吐沙、異常肥美的蛤蠣，腦中獸慾即刻湧起那段甘美的形容詞，迫不及待點了蛤蠣。

「這時候會有一股難以形容的海潮香味撲鼻而來……」確實，只是我一時昏頭被平安壽子的文字引誘，完全忘了我根本無法忍受海潮味道啊，結果只吃一口，就吐在紙巾上，再也沒碰過那只蛤蠣。

而好笑的是，我這個行爲同樣發生在《調味戀愛》中另一篇小說〈我不喜歡哭泣〉那個痛恨洋蔥的女人吃到洋蔥的當下動作，哈哈哈。

「我就是討厭洋蔥，怎樣！不是挑食的問題，而是身體自然而然產生排斥反應。」小說中女主角是這麼說，海潮的味道，對我大抵也是這個意思。

回家後，我又重新複習《調味戀愛》，我不得不承認平安壽子描繪美食的功力出神入化，事實上，認真檢視一下這本書中六個短篇小說的食物：烤蛤蠣、馬鈴薯沙拉、乾炸洋蔥酥、咖哩烏龍麵、奶油飯和梅醋飯糰，實在都不算是什麼太美味的食物，真正美味的是因為食物而牽引出來人和人某種偏執情感。

我真是太入戲了，才會想去吃什麼有海潮香味的蛤蠣，呆子。我明明就像那個對洋蔥敏感的女人，對單純蛤蠣是無法接受的，我只能吃有大量薑絲去腥的蛤蠣湯，以及加了大量辣椒大蒜快炒的蛤蠣或重口味泰式酸辣湯裡的蛤蠣。

說起來，還眞像是某一種戀愛態度啊。

某一種男人根本不適合我，我卻老是會喜歡上這一種男人，交往後才發現：「哎呀，他是沒有加香料的蛤蠣。」

雖然大家都喜歡說：「喜歡一個人，就應該喜歡他的本質。」倘若大男人、自私或軟弱，是他們的本質，那麼，我可能無法同意這句話，我只能接受調過味的戀人。話說回來，許多饕客都講究吃美食該吃原味，但，有些食材可能需要香料提味，才能讓食材更加美味呢。

食物和享受者的關係，也是一種戀愛的互動態度。

平安壽子《調味戀愛》這本書精準又輕鬆地把這樣的男女情感細節，調味成非常美味並容易入口的佳餚。

只是，下次我會記住，小說是小說，美食是美食，戀愛是戀愛，我可別再搞混了。

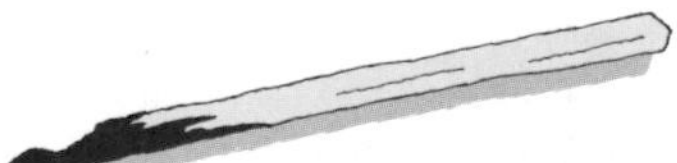

去愛吧，就像不曾受過傷害一樣。

親愛的，按照妳的邏輯，蛤蠣男是不能碰；洋蔥男還行。請問妳還有什麼不能碰的？
當然有，比如……
鮭魚男
海苔男
茄子男
……那什麼是妳喜歡的？
香腸男
肉圓男
喜歡的啊？
……
蔥油餅男
豬血糕男
還有蘿蔔湯、羅宋湯、生菜蝦鬆……
她是在說食物，還是在形容男人啊？
我還要一碗。

找個可以一起看電視的戀人。

「艾莉絲，妳找到妳的眞命天子了嗎？」

多年不見的長輩，遇到我，總愛來這句；我的回答總是：「哎喲，您不是說要幫我介紹男友嗎？」這自然是彼此的慣性問候句，誰都不會當眞。光是「眞命天子」四個字，對於四十歲的單身女人，玩笑成分就很濃厚了。

某晚，邀約在日本料理店晚餐時，長輩看著桌邊幾個和我年紀相仿的單身女子，笑問：「妳們這些聰明美麗的女生究竟想要什麼條件的男人？」我喝一口紅酒，回應：「哎喲，現在老了，哪有什麼條件？我只要一個可以和我一起看電視的男人就好。」

旁邊的女性吞掉海膽壽司，驚異地：「一起看電視？拜託，這很容易，好不好?!」她們語氣聽起來，似乎以爲我在開玩笑，並且立刻補充：「就算喜歡的節目不同，大家一人一台，各看各的也很容易解決啊。」

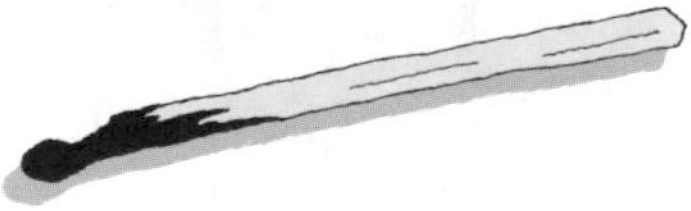

確實沒錯，我老爸去年過世前，他和老媽看的頻道完全不同，爭吵半天，於是兩個人各自擁有了自己的電視，各看各的摔角和韓劇。

但，我說的不只是電視頻道，而是生活相處。

四十歲的單身男女談戀愛，即使偶爾會暈眩，通常還是清醒的；戀愛的蜜月期，和年紀成反比；年紀越長，蜜月期越短。大多數人要的伴侶，都是希望可以一起生活的人。比如，可以一起看電視，就是最簡單的測試。

知道嗎？除非是現場轉播球賽或HBO的電影，需要集中注意力，多數節目都充滿廣告，沒有人會看電視看得那麼認眞，看電視應該是一個心情鬆弛的空間。我們彼此可能都戴著老花眼鏡；我沒化妝的臉上有些斑點，你拉開外套的肚子突出小腹；我們一面聊天、喝茶、倒酒、吃零食、上廁所、講電話，親暱點的會摸來摸去。這是脫離蜜月期之後，最眞實的相處。

四十歲的感情，不像童話故事或偶像劇，吻醒睡美人或告白了「喜歡你」就有幸福完結篇，反而，故事才是正式開始。

長輩問：「然後呢？」

然後，對，這就有趣，看電視可是一門複雜學問呢。

蘿貝卡說：「當我發現男友打開電視看新聞，立刻轉到三立或民視，我就知道我們的政黨取向不同。」因爲蘿貝卡看新聞都看中天和TVBS。

喬伊絲說：「我和他不想討論政治，所以我們通常不看新聞，我們一起看『料理東西軍』，只是在他家看電視的時候，他會一直用抹布擦著桌子，洗碗洗杯子，收拾很乾淨，讓我很緊張……可是他到我家看電視，他吃起洋芋片，卻完全不在乎碎屑掉到我的地毯……」

史黛西最傷感的，是她和戀人各方面興趣都差不多，應該沒有問題。可是，某夜，史黛西的親密好友意外車禍過世，心情很難受，和男人談起這件事的情緒，男人一面敷衍地回應她，眼睛瞄著螢幕搞笑電影，不斷哈哈大笑……讓莉莉安氣到關掉電視，男人一愣，安撫史黛西幾句，又打開遙控器，繼續看著HBO搞笑電影，說這部電影眞的太精采了。

雖然都是瑣事，事實上卻代表兩個人生活的價值觀以及相互配合度。特別年近四十的男女，生活都有了習慣模式，不像二十歲的愛情像水一樣，遇到了什

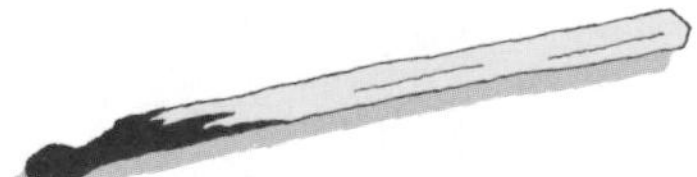

麼器皿就變成什麼樣子，習慣單身生活太久的人要屈身配合另一個人並不容易。前輩聽了半天，終於認真點頭，同意「能夠一起看電視的戀人，的確難找。」

我最常舉例英國作家尼克宏比的名言：「要確定一個人是否可以當男女朋友，只要瞄一眼對方的書櫃和ＣＤ櫃，立刻知道。」那是比較年輕的愛情觀，感性路線；過了青春年紀的我，即使感情路上，偶爾還是會有「睡美人被吻醒」的童話情結，或遇到類似「日本偶像劇」的浪漫畫面，瞬間感動不已，都是瞬間。

我只想，找到一個可以一起看電視的戀人。

長輩看著我，想了半天，嘆氣，說他很感同身受。但，我確信下次碰面，他還是會玩笑的問我：「艾莉絲，妳找到妳的眞命天子了嗎？」

當眞愛變成一具笨重行李。

「把我裝進行李箱，帶我一起走吧。」

這句話，是許多愛到難分難捨的戀人，別離時，最愛說的一句撒嬌話。這等情話，自然沒有人會笨到自以爲是電影「瞞天過海」（Ocean's Eleven）那個擁有縮骨功的東方演員，輕易入袋，呵。

盧貝松一九九〇年的知名電影「霹靂煞」（Nikita）也曾有過一句很浪漫的對白，是男主角對女主角說：「妳可不可以把我縮小，放在妳的口袋，帶我一起走。」不知道是不是因爲劇中女人太酷、男人太溫柔，年輕的我感動得眼眶濕潤起來。

幾年後，類似的情節發生在我身上，我沉默了。

那一年，我談了一個長距離戀情，和一個香港男人。雖然經常通信、熱線，半年再見，距離之故，彼此都感覺情意的疏薄留離。某夜，兩個人走在尖沙

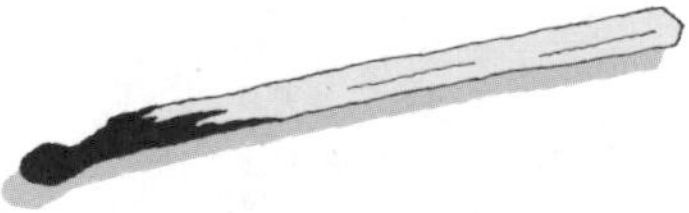

咀海邊，男友突然停下腳步，語氣沉重地問我：「難道妳就不能爲了我搬到香港？」當時，我太熟悉男友的工作性質和專業能力，短時間很難離開香港，我沉默了很久，沒有回答。男友繼續說：「我以爲愛一個人，都會天涯海角永遠追隨……」接著，他突然哽咽了起來：「我眞傻，都三十五歲了，還相信夢，還相信現實生活中可以找到眞正的愛情。」

說眞的，倘若這是電影，倘若……聽到這些話，我應該會立刻熱淚盈眶。尖沙咀海邊這般美麗浪漫的場景，四周燈火燦爛的高樓反映得海面上繁星點點，有一個男主角對女主角如此深情款款……倘若是電影就好了，我會感動得不得了。

但，那一瞬間，我愣住了，竟惱恨：「為什麼我是這個女主角呢？」

我在台北有我喜歡的工作、有我熟識的好友們、有我習慣去的地方，我在香港能做什麼？我又不會講廣東話。我我我。聽著他哽咽的聲音，我腦中轉了一百個念頭。

好吧，我想，我可能不夠愛他吧。

他會哭出來，也因爲發現了這件事實吧。

那一夜，他在飯店床上背著我、抱著枕頭悶聲大哭一整夜，我則盯著電視播放的粵語老電影發呆。

許多年後，想起男人痛哭失聲的模樣，我一直在思考：我是太理智？還是對愛情太沒有安全感？或者如我以爲的，我不夠愛他？

「真正愛一個人，即使天涯海角都會希望永遠相隨。」我不曾否定過這句美麗的話，因此沉默。而我的沒安全感和理性思考，恐怕是因爲不放心自己，而不是他。

愛情的行李箱和行李，是截然不同的兩件事。

他的愛情行李箱眞實空間不夠大，大到讓我可以自在容身；我的愛情行李箱沒有太多浪漫存款，能夠義無反顧飛奔到異地投靠他。同時，我也不想變成男人生活中的行李，或說負擔。這可能才是眞正的答案。我愛他，但，沒有愛到失去自己；我更愛自己，我一點也不想變成一個因爲浪漫情景投靠男性、未來造成彼此壓力的女人。

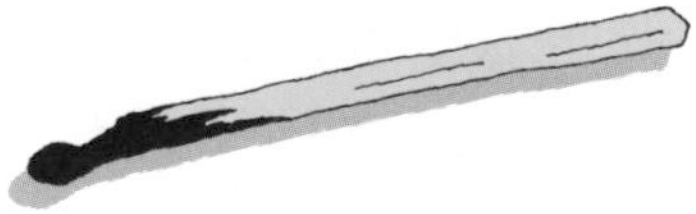

去愛吧，就像不曾受過傷害一樣。

許多年之後，我見過許多女性朋友，爲了愛情遠走或遠嫁紐約、巴黎、義大利、印度，甚至是希臘的一個不知名小島。其中有美麗的故事，也有殘缺的情節，包括不堪回首的事件。

史黛西的姐姐友惠，算是結局圓滿的。她隨老公到美國，經歷過語言不通、人生地不熟、沒有朋友訴苦等心酸，之後老公回台灣就職定居，她才生龍活虎起來。

女人某時候的脆弱，是不可思議的，同地震後的土石流，一發無法收拾。

友惠嫁去美國第二年，史黛西去美國看她，意外發現：在台灣獨立自主、開車技術一流的友惠，在美國竟然恐懼開車。除了開車之外，友惠因最大的心理障礙，確實因爲語言和環境的不熟絡，讓她瞬間心境像是海上漂流的人，老公變成了他唯一的浮木，爲了緊抓住這根浮木，友惠完全喪失原本具備游泳的能力。

一個能幹的女人，突然變成生活低能兒，這是我們從來不曾見過的友惠，我也曾在幾次挫敗戀情中看見不堪一擊的自己。不願承認，又無法躲藏。我的男人們總說：「妳不是一個獨立的女人嗎？」是的，我是。但，我依然是一個女人，我和友惠一樣，都有失去安全感、缺乏自信的脆弱面。

茱莉葉轟轟烈烈的尋愛之旅，結論又不太美麗了，也因爲開始太浪漫。

茱莉葉三十四歲，是個文學叢書的編輯，歷經過一些挫敗戀愛，偶爾在網路上認識一個文筆驚艷的男子，男子住在法國南部，兩人一番E-mail書信往返和MSN通訊，郎似有情、女也有意，男人鼓勵她到法國來，茱莉葉立刻辭職尋找眞愛。

就如同電影「西雅圖夜未眠」，茱莉葉認爲這是她的百分之百的眞命天子，只是地點不在西雅圖，而是里昂。茱莉葉的勇氣，幾乎沒有人不欽羨與祝福。

兩年後，茱莉葉回到台北，只和幾個友人聯繫，絕口不提尋找眞愛的勇敢事蹟，大家雖感覺詭異，也不敢問。直到史丹利忍不住了，直接問起：「妳和那個里昂男人究竟怎麼了？」

史丹利說，茱莉葉那一瞬間的表情不知道是想哭或想笑。

茱莉葉和里昂男人確實是住在一起，住了快兩年，對方是個很溫柔、很Nice

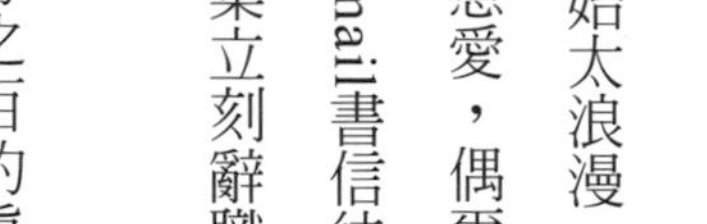

的男人，只是男人從來沒碰過她。初始，茱莉葉以為是自己的問題，自己沒有性魅力，也揣測男人可能害羞保守，幾個月後，茱莉葉就清楚知道男人是Gay，男人也坦白承認。那一刻，茱莉葉只感覺丟臉，沒有臉回台灣，硬撐下去……可是她不懂法語，生活艱難。直到有一天，她發現男人在blog發表的那些讓她驚艷的文章，全部都是抄襲而來。茱莉葉才徹底痛悟，回來台北。

這是女人的另一種脆弱，當妳原本堅持的浪漫夢幻完全被摧毀時，與其說不敢面對朋友，而是不願意面對自己。

許多年之後，偶爾，我會想起我的香港男友、英國男友、馬達加斯加男友、南極男友和火星的男友……哈，開玩笑啦。

我是說，每次當我想起那些住在不同地域、家庭環境差異很大、性格差別很多的男友，即使偶爾會情致纏綿眷戀彼此相處的美好時光，一回到現實考量，若當初勉強交往，其實是同水星人遇上火星人般複雜，很難想像自己撐得一時，可否熬過幾年。

我並非不相信眞愛，也信眞情意可以讓習慣走百米路的人走上千里路；但要走上萬里……親愛的，如果你不是我肩上的負擔，我必然是你要背負的笨重行李。

古人說：「愛情，是緣分。」非常通俗的話，我卻越來越相信，緣分。

但是，在愛情的行李箱，我仍不希望自己是戀人的行李，或讓戀人成爲我的行李。說實話，我希望，我和他是一起分擔提行李的伴侶。只要確認我們是這樣的關係，無論哪一刻，要說多少句「親愛的，把我裝進行李箱，帶我一起走吧。」噁濫調情話，都來吧。

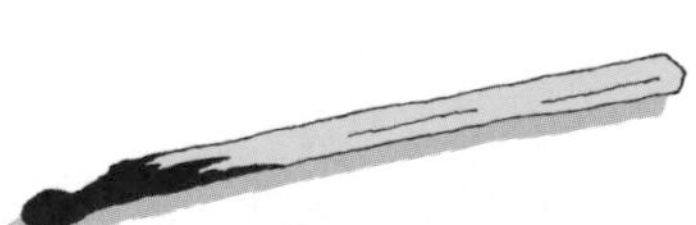

去愛吧，就像不曾受過傷害一樣。

不知道會不會超重?該不會叫我減肥吧?
呆子!

分手，可否選在週休二日？

史黛西在週五晚上傳了一個分手簡訊給男友史丹利，便在東區夜店和一票朋友狂歡。

她以爲史丹利應該會在週五深夜或週六清晨約她好好談一下，她渴望酒精給她加持的力量，可是直到週日清晨，史丹利都沒打電話過來。

「他又在逃避了。」史黛西在週一早上十點二十九分踏進公司會議室前，補了一下口紅，看著手機上的時間，輕聲罵：「幹！」即刻把手機鈴聲按爲震動。

史丹利的電話，直到週三晚上十點二十九分響起，史丹利說：「史黛西，妳在忙嗎？」

電話響的時候，史黛西正在辦公室座位的老舊電腦前繪製第二天早上九點的企劃提案，一接電話，滑鼠立刻不動，電腦當了，史黛西幾乎欲哭無淚，今晚

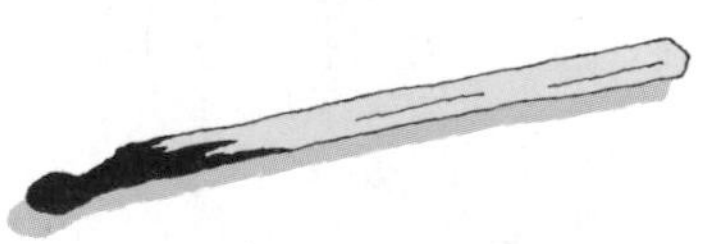

去愛吧，就像不曾受過傷害一樣。

她當了第五次，此刻，她好想大哭一場。

可惜，史丹利的「單向式戀人電話」是長年慣性，他的對話從來只表達自己意見，不管對方回應、也聽不見對方的話，果然，說完「史黛西，妳在忙嗎？」不到三秒鐘，立刻以憔悴的聲音說：「史黛西，妳不覺得妳很殘酷嗎？」

當「殘酷」二字出現在耳朵，正是電腦螢幕上的滑鼠箭頭動也不動的那一秒鐘，史黛西準備哀號，史丹利比她更快一步，史丹利說：「我覺得我們今晚應該好好聊一下，妳的簡訊讓我痛苦了幾天……」

史黛西，這時候終於哀號了，說抓狂更準確，不知道爲哪件事抓狂，史黛西歇斯底里對著手機大喊：「是誰痛苦？是誰殘酷？我眞的受夠了。」

史丹利在電話那頭的反擊功力也訓練有素：「史黛西，拜託！我也受夠了，妳就不能理性一點嗎？難道在媒體業的女生，都這麼不理智嗎？」

史丹利的上個女友也是媒體業的企劃人員，那個公司是個大財團，最近幾個行銷案子都是大案子，辦公室肯定有比她更好的電腦，而且有液晶螢幕，史黛西更火。

史黛西大吼：「難道你就不能週六給我電話嗎？我是週五傳簡訊給你的，你以爲我這幾天好過嗎？」

史丹利吼回來：「妳以爲我不想啊？我在埔里忙得要死，每天早上五點起床拍片，半夜還要收到這種簡訊。妳們女人怎麼都這麼不講理？」

「是誰不講理？埔里就偉大喔？台北就很渺小？還有什麼叫做『妳們』女人，我也想知道哪個偶像劇演員跟我被歸類在你認爲同類的檔案夾，叫做『妳們』？」

「史黛西……」

「感謝你半夜吵醒我的時候，沒叫錯名字……我要因此感謝嗎？」

「史黛西，妳一定要這麼尖銳嗎？」

「我從來不認爲我對誰尖銳，你高興這麼說也可以。」

「……我週六，回台北再跟妳聯絡。」

「好，就週六，謝謝你終於尊重我的工作。」

「妳在說什麼？我哪裡不尊重過了？」

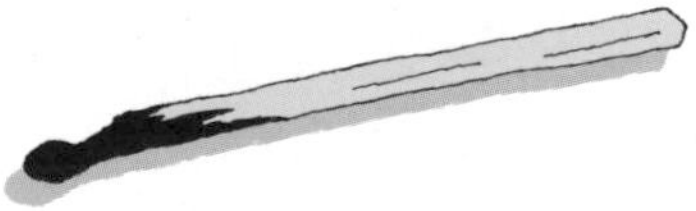

「就這裡，史丹利，我公司是週休二日的，週一到週五統統沒有休息。」

掛掉電話後，史黛西狠狠大哭一場，她不是不愛史丹利，只是太累了。史丹利總是說自己很忙、要史黛西體諒自己，史黛西體諒了兩年，史丹利體諒過史黛西嗎？她就沒有工作壓力嗎？沒有父母要養嗎？沒有保險要繳？沒有房租和水電費要付嗎？

史丹利的工作是一個偶像劇副導，工作時有時無，又沒給過自己生活費，憑什麼要求她？兩年來，史黛西眞的累壞了。

史丹利的工作時間總是在她週休二日的時候，熱戀時，爲了表示女友的體貼，史黛西週日晚上還會陪著史丹利拍片耗到週日清晨，早上睡眠不足去公司開會，自己心甘情願，沒話講。問題是史丹利的假日通常在週一到週五，收工了之後就和工作夥伴們去喝酒，興致來時就打電話要史黛西一起來。

史黛西剛開始多少湊興，可是幾次早上工作會議睡過頭，史黛西就不肯再配合了，史丹利那票哥兒們也樂得輕鬆，於是喝酒的場合開始有廣告模特兒或酒吧的年輕美眉加入。

即使史丹利的流言滿天飛，史黛西都努力不介意，史黛西受不了的是有自己房子鑰匙的史丹利半夜醉醺醺跑去找她，一身女生的香水味道不說，還會搖醒自己，吵著要聊天，講了幾次，史丹利從沒改善。

史黛西說：「你不覺得我們沒時間對話嗎？」

史丹利說：「是妳不想跟我講話啊。」

「你有空的時間都是喝醉的時候，我早上九點要上班啊。」

「妳不覺得妳的公司很沒人性嗎？早上九點上班到晚上九點？」

「確實沒人性，我辭職好了，你要養我嗎？」

每次講到這一句，史丹利立刻閉嘴，開始看起日本偶像劇，說要做功課。

這樣的男人可以在一起嗎？史黛西掙扎了很久。

在感情流言部分，史黛西非常理性，她逼迫自己偽裝成瞎子，不去思考史丹利會不會劈腿或偷吃，三十一歲的她，太了解自己如果在意那些年輕美眉，眞的會比較不完，而且心情不好太容易影響工作。

三十一歲的女人還有一點點青春，而且有一份她自認專業、薪水不錯的工

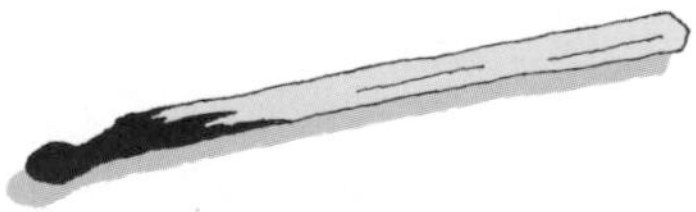

作，三十五歲以前，她應該還有機會遇到同樣週休二日的伴侶，她要陪著同樣是三十一歲的史丹利耗嗎？史丹利那行業的男同事有太多四十歲仍未婚的男性，他們的女友一個換過一個，不是二十三歲就是二十五歲、不是廣告模特兒就是剛出道的歌手。

史黛西決定分手的念頭有半年了，幾次提起，史丹利老是裝死，選在半夜喝醉時把她搖醒說要談判……情侶最麻煩的是他們共同投資的基金、一些在彼此家裡的家具，還有彼此房子的鑰匙，史黛西非常不想演史丹利拍攝的偶像劇女主角分手就打包、換鎖那種無聊的情節，她自己也忙得要死，於是一拖又快到年底。

這一次，史黛西眞的鐵了心，請假談判也可以，但，畢竟是年底了，公司明年度的計畫都在此刻進行。史黛西希望分手可以在週休二日，因爲談分手究竟傷感情，她還沒有理性到沒血沒肉。

得不到的名牌，比不上A貨實在。

所有名牌的忠貞信徒，對A貨必然不屑一顧；至於，愛情忠貞信徒，是不是這樣呢？這個嘛，有待商榷。

比如，我小學學長史丹利好了，這小子從小看瓊瑤電影長大，對美女的是定義：（一）一頭飄逸的長髮；（二）還是一頭飄逸的長髮；（三）仍是一頭飄逸的長髮。所以，他從初戀到一夜情對象，無論高矮胖瘦、闊耳大鼻，無一個不擁有一頭飄逸長髮。

而身爲電子新貴的趙公子，身邊煙花水鳥的故事，可以寫上十本愛情小說，多年來卻一直沒有固定女友，女人們皆怒罵批判他是花心大少，男性死黨竟道他是癡情漢。原來，趙公子至今仍忘不了十七歲初戀的女友。

一年前曾栽在趙公子手上的史黛西恨恨說：「根本是藉口，十七歲都幾年前了，愛玩就愛玩，何必演得像癡情種。」

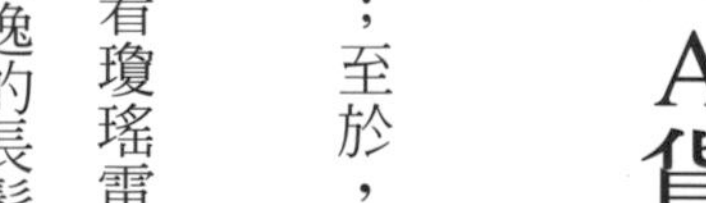

去愛吧，就像不曾受過傷害一樣。

史丹利說：「妳別挾私人恩怨找機會就報復，趙公子是眞的忘不了初戀情人，搞不好妳和他的初戀情人有點像，當初他才會猛力追求妳。」

史丹利是呆子，以為每個男人都像他一樣。

史黛西不留情地反擊：「哦，那麼趙公子最近對蜜雪兒送花又送錶，難不成我和蜜雪兒也有那麼一點神似囉？」這話說出口，大家都噤聲。

史黛西身高一六五，濃眉大眼，瘦長充滿骨感；蜜雪兒身高一五五，細眉鳳眼，白皙豐腴……怎麼也扯不在同一國。

喬伊絲緩緩嘆一口氣：「就算忘不了十七歲曾經吃過的一碗舉世無雙、風味絕佳的牛肉麵，肚子餓的時候，誰能拒絕眼前一盤熱騰騰的義大利麵？」

「沒錯！『寧缺勿濫』，是吃太飽撐著才會說的話吧。」蘿貝卡反應快速。她的前男友亨利在分手後快速有了一個小女友，蘿貝卡不甘示弱也交往一個小男友，彰顯行情。

果然，食色性也，食物和性一扯上關係，誰都無話可說，大導演李安不是就拍了那麼一部電影「飲食男女」（Eat Drink Man Woman），這部電影從東方

「吃」盡歐美國境。被趙公子冷凍後的史黛西，也沒餓著肚子，演起深宮怨婦，兩週後也有了替補對象。

「事實上，那都不是妳們眞正想要的吧？」迷戀瓊瑤電影的史丹利口中終於吐出一句符合現代都會感情的句子。

廢話，又不是每個人都像史丹利一樣，有一頭飄逸長髮就八〇分起跳，如果有一百分對象，誰會選擇八〇分、九〇分的愛情A貨？問題是，一百分的對象在哪裡？我心中一百分的那個人也會跟我一樣認爲：我，是他心中的一百分嗎？

日劇「愛情慢舞」（Slow Dance）劇中三十一歲女主角深津繪里說：「我相信世界上一定有一個跟我百分之百契合的男人，可是我的生活圈，哪有機會去認識世界上每一個男人啊，於是，我跟百分之百的男人就因此錯過了。」

二十五歲的男主角妻夫木聰反駁：「就算他可能是妳百分之百的男人，如果你們不能相遇，他就不能算是妳百分之百的眞命天子吧？充其量，他不過是百分之九十九的男人。」

呵，妻夫木聰這句話還眞打進這世代女性的心坎底：一百分的男人和一百

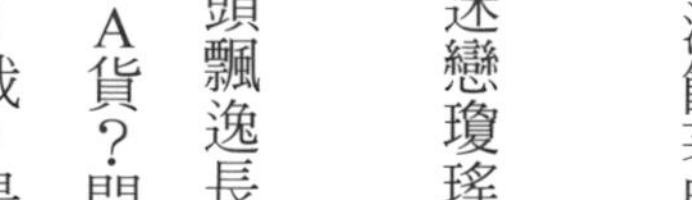

分的女人，彼此眞的會剛好相遇嗎？如果我們一輩子遇不到，是否一輩子都會有一百分的遺憾？喔，不，是百分之兩百的憾恨。

村上春樹的暢銷作品《遇見百分百女孩》，獲得這麼多人認同，可不是解釋了嗎？愛情的一百分，在相遇的某一瞬間是非常眞實的，某一瞬間。

「這樣……眞教人感傷啊。」蘿貝卡的這瞬間的口吻，很村上。

「哎喲，浪漫藝品Hermés Birkin皮包，不是每個人都買得起啊，A.D.M.J也很時髦啊。」喬伊絲口吻則很時尚又實際，哈。

A.D.M.J是日本設計師小林明彥一款類似Hérmes Birkin設計的COVA包，被稱之爲「日本的愛馬仕」。

只是，我此刻的感慨，則跟Hermés、A.D.M.J、村上春樹、瓊瑤或李安都沒有關係，我倒眞想起那碗色香味俱全的牛肉麵，那是初戀男友跟我說過的話，喬伊絲曾聽過我的故事，剛剛故意講給我聽的。

初戀男友遇到我的時候，提起他之前一段感情，認爲那就像一碗記憶中的牛肉麵，當時可能肚子太餓，吃什麼都好吃；也可能是那碗麵確實是極品，只是麵店關了，再也吃不到，因此認爲那是一碗世界上最棒的牛肉麵。

當我意外從他第七任女友口中聽到同樣故事，我終於確定：店已經倒閉的那碗牛肉麵可能眞是「極品」，因爲永遠活在記憶中，無可考察……而炸醬麵、義大利麵或其他店的牛肉麵，不見得就不夠勁啊，如同A.D.M.J也可能代替Hermés Birkin。

愛情中，得不到的名牌，都比不上A貨實在；就像保存不優的老唱片，同一首歌，音質比不上CD。

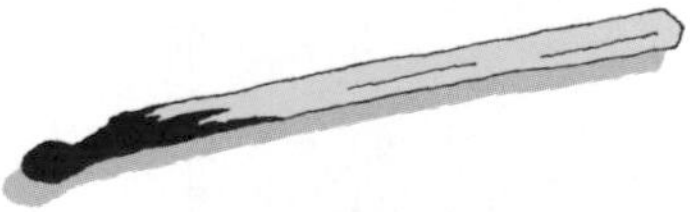

寶貝，妳喜歡哪一個？香奈兒的？還是蒂芬妮呢？
……
都是貨真價實的名牌喔！不是什麼山寨版的A貨喲！
……
別這樣嘛，我是給了她名份，可是我給了妳名牌啊……
……
……
問題是，**我是山寨版**啊！

他其實沒那麼喜歡你，你也並不那麼愛他。

我經常好奇，究竟，多數人愛上一個人？是來自想像？還是虛構？會不會，我們有時候愛上的人，不一定是眞實的那個人，而是一種情境想像，或是一種角色扮演？愛情，像一幅拼圖或一個寫好的劇本，某個人適時適地出現，彷彿失落的一角、命中注定的演員，於是一場邂逅、一次約會、一夜纏綿，都足以失去理智、興起夸父追日。

我曾經對一個約會過幾次的男人這麼說：「你其實不是那麼喜歡我，你只是喜歡你愛上我的感覺。」

男人矢口否認，眼神熱烈，款款敘述遇見我之後，他感覺自己除了十七歲初戀，再也沒有這麼快樂過了。我卻感覺困惑，事實上，他不分晝夜傳簡訊給我、深夜跑到我家樓下，告訴我他無時不刻想念我，已經嚴重打擾到我的工作和生活，他卻認爲，這是愛。

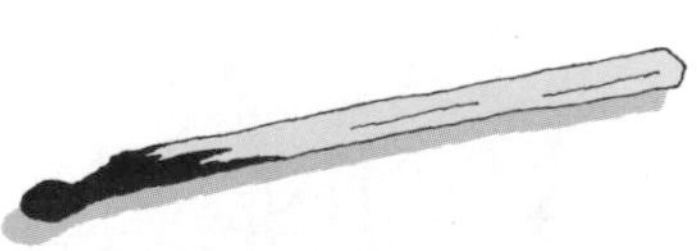

去愛吧，就像不曾受過傷害一樣。

表白，通常是一廂情願，而每個表白者都渴望兩廂情願的發生。

我能理解這個道理，只是愛情不該是單行道。

可惜，多數不順遂的感情，常習慣鑽進這條單向胡同。

好友喬伊絲總是在等待，等待一個她傾慕許久的男人。大學時期，他是她的學長，他已經有個交往兩年的女朋友，他說過會和女朋友分手，但是他沒有，直到畢業，兩個人的關係仍是暗渡陳倉；多年後，再相遇，男人早結了婚，這一次他斬釘截鐵說自己和老婆形同陌路，一定會和老婆離婚，卻偷偷和老婆去旅行，旅途中還打電話回來說愛她，後來男人的老婆意外懷了孕，男人痛苦地懇求喬伊絲和他一起等待老婆把小孩生下來，否則這時候提離婚，他將成爲放矢罪人。

史丹利的女朋友艾美莉則一直非常忙碌，從來抽不出空。艾美莉是史丹利半年前在網路上認識的女孩，兩個人約了好幾次會，史丹利給她買包、買鞋、帶她去高級的餐廳吃飯，甚至帶她去度假。史丹利總是拿著艾美莉巧笑倩兮的美麗照片和朋友們炫耀，大家驚奇史丹利這樣胖胖的宅男竟能追到這麼時髦漂亮的正妹，一直央求史丹利帶出來認識，不知道爲什麼艾美莉總是很忙碌，連約了幾次，都放大家鴿子。

當喬伊絲和史丹利描述起這些劇情，偶爾飲泣或難受時，朋友們一點也不敢說：「他其實沒那麼喜歡你……」因爲墜入情網的人都非常不理性，多嘴者只會自找麻煩。

喬伊絲堅信這段糾葛十多年的愛戀是因爲「眞愛，才會倍受折磨」；史丹利卻懷疑朋友們是否嫉妒他有一個條件這麼好的女朋友。

究竟，多數人愛上一個人？是來自想像？還是虛構？

我突然想起，某一次看到一本電影雜誌，描述一個男性坐在火車上，戴著耳機聽著他喜歡的憂傷鋼琴曲。某站，上來一個清秀的女子，坐在他對面。女子眼簾低垂、皺著眉頭，看著窗外，琴音在耳際流動，對男人而言，女人那張憂傷的側臉如同一幅美麗的圖畫……男人心中開始爲女子編織起各種故事。

突然，火車行駛一陣波動，車停下來，男人拿下耳機東張西望，四周充滿嘈雜聲，爾後，火車繼續安穩行駛，男人回頭看著對座女子，一瞬間，之前浪漫

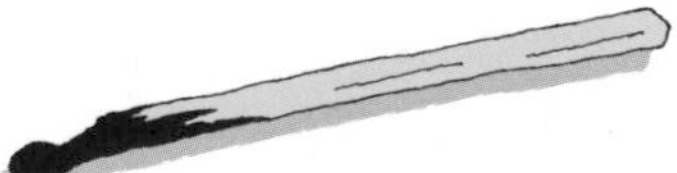

去愛吧，就像不曾受過傷害一樣。

的想像消逝無蹤，對面不過坐著一個睡眠不足的憔悴女子。

來自暢銷書改編的電影「他其實沒那麼喜歡你」（He's Just Not That Into You）列舉出幾十個案例，提醒每個戀愛的人：「別傻了！」

問題是墜入情網的人，從來不認爲自己傻；或者明知道自己傻，仍執迷不誤；搞不好長期耽溺在愛情悲劇，竟愛上了這個角色呢。

於是，對於某些愛上戀愛感的人，我忍不住想說：「他其實沒那麼喜歡你，而且，你也並不那麼愛他。」

這句話同時對我自己講，即使每個人在戀愛時，常有失心瘋，該是我正視問題的時候。當我委婉和男人提出「我們需要好好溝通一下」，男人開始逃避、不願意面對我，並屢屢喝醉來電驚醒熟睡中的我……我更確認了這件事。

上一個男友。

每個女人意外在路上遇到「上一個」，都有不同的八點檔可看。

蘿貝卡昨夜在東區「度小月」遇到上個男友，心情大壞，滷肉飯沒吃完，便急著閃人；喬伊絲在安和路的「新都里」碰到上個情人，立刻和旁邊男性朋友假裝親密，眼睛抬也不抬；史黛西在「room18」見到上一個，煙燻媚態上前：「好久不見呢。」故意瞄了瞄男人旁邊的女伴，語氣挑釁：「介紹一下囉，哎喲，你知道嘛！我記性不好，老是搞不清楚你的女朋友樣子。」

世界上，每個女人意外遇到「上一個」，正確說「上一個戀人」，都有各自處理方式；分手的八點檔，簡直是一門學問。有的哀傷、有的悲悽，有的充滿戲劇性。

身爲旁觀者，我比較喜歡戲劇性，哈；但身爲當事者，我希望單純一點。

在台北永康街的「高記」，我和他點了一堆上海菜，正值秋分。

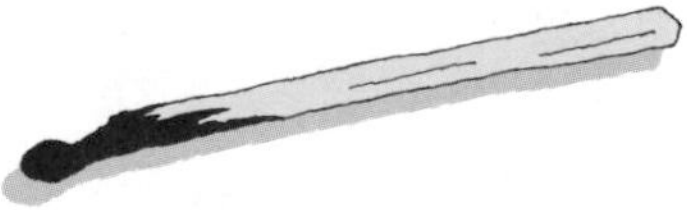

突然想起，那年秋天分手時，我們都傷心地哭了，以為未來將不再相見；結果又廝混一起，吃飯、喝酒、逛街、聊起各自後來男友、女友的故事，彷彿一切沒發生過。

結果，在永康街尷尬的是遇見我幾個女性好友。

好友們一臉八卦、偷偷靠近我問：「嘿！是新男友嗎？」

我尷尬地說：「哎喲，不是啦，是前男友。」

好友面面相覷，露出怪異的表情。

接著，好友離開後，前男友忍不住問：「喂，她們是不是以為……」

我笑了：「對啊，可是我回答：『你是前男友。』」

他說：「喔。」

果然，永康街真是是非之地，如果不想找麻煩，千萬別到此約會。就像，誰會理解水瓶座和舊情人關係，哎喲，倘若對方不介意，水瓶座鐵定可以維持良好友誼，也可以順便聊起彼此的新舊戀情。

就算，我也曾遇過某些舊情人劈腿，痛哭失聲提出分手。

對方天真地問：「不能當朋友嗎？」

我斬釘截鐵說：「不行。」

對方又問：「爲什麼？」

我沉吟半晌：「因爲我愛你。」

一年後，劈腿的舊男友來找我，我卻無法拒絕，仍陪著他去吃了飯、喝了咖啡，順便聽他講起感情的苦惱……結果，說什麼「不行」，都是說說而已。**我很難痛恨我喜歡過的人。**

只是，當舊男友們變成朋友，感覺有時很奇異，畢竟曾經那般熟悉，無論生活習慣、私人喜好、身體觸覺，像某種奇異的親人，甚至分手後，我們都更自由自在。

我小小的憾恨是，唉，這個走在我身邊、曾經親密的男人，現在我們依然親近，卻再也不可能有過去那種臉紅心跳的美妙感了。

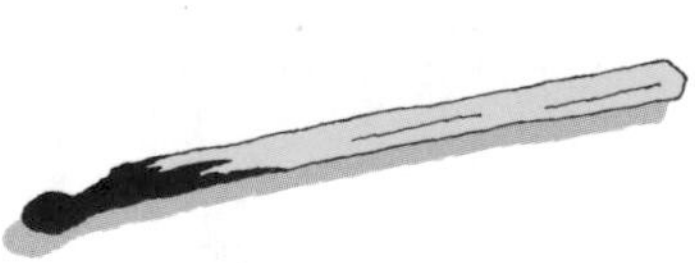

去愛吧，就像不曾受過傷害一樣。

遇到我的真命天子之前，
你知道我吻過多少隻青蛙嗎？
雖然，後來，他並不是真命天子……
我想，搞不好，
我也是別人的青蛙吧。

欲愛，已無言

朋友問我：「過去，妳曾經瘋狂愛過的人，多年後再相遇，現在還會愛嗎？」

讓我突然想起「追星族」這字眼，每個追星者投入時，一定也很瘋狂吧。

許多年前，綜藝節目大姐大陶子找到青春期的藝人偶像費翔，說了一句名言：「偶像，是有責任的。」這句話不一定正確，卻讓許多人都莫名感同身受。

誰，沒在青春期擁有偶像？

偶像，誇張點說，是崇拜的人；平鋪直敘，是欣賞的人。若以正面的能量來說，因爲這個偶像，我們開始努力砥礪自己、希望像他一樣；另一種，則屬於追隨者，因爲不可能像他一樣，那麼有機會能夠親近也好，滿足欲望。

通常青春期的偶像，多半是學長、學姐、老師、隔壁班喜歡的男生女生、漫畫家、小說家等等，最多的是電視上的人，像歌手、演員、主播或運動明星。

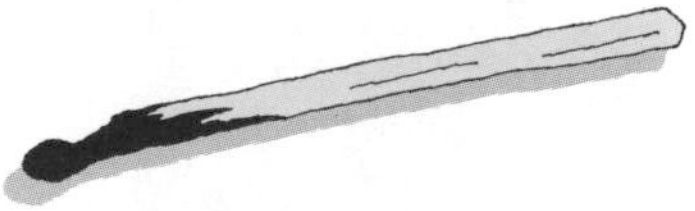

去愛吧，就像不曾受過傷害一樣。

當然，也有人提出疑問：「偶像，眞的存在嗎？」

我私以爲，偶像存在，只是瞬間，比如：一天、一年或十年之類，只要你和偶像有距離，就有存在可能性；活著的人，很難距離這麼遠，特別現在通訊、狗仔、八卦如此發達，偶像就有殞落的可能性。

偶像，如果永遠不會死，就是偉人，套句通俗用語：「在這世界上，只有兩種偉人，一種是死了，第二種還沒出生。」

於是，你再怎麼崇拜的偶像，只要他活著並且不隱居荒郊野外、銷聲匿跡，他最後都會在你心底死去。相較之下，瑪麗蓮夢露和詹姆士狄恩是永遠不老的偶像，他們都在最輝煌的時候死去。

只因爲「偶像」二字，本來就是一種激情描述語，眞實又殘酷，光榮又恐佈。

身爲「偶像」，在所有的歡呼聲的後面，背負著不讓自己的光環消逝的責任，他不能變老、變醜、變得沒有才華、變得不謹愼謙虛、變得不進步、變得不可愛、變得不浪漫、變得不有趣。

時代一直在改變，偶像不能變，念舊的人會失落：「你，這麼容易變了？」

時代一直在改變，偶像不能不變，崇新的人會失望：「你，只沉迷在舊回憶，不長進！」

曾有個燈泡廣告：「你這輩子只碰我一次，就忘了我的存在……」廣告強調燈泡的耐久性，事實上，偶像的光芒比燈泡強一萬倍，卻不見得比燈泡耐久，被碰壞的機會比燈泡多幾百倍，更易損毀。

這些感觸，原因來自網路發達的世界，許多人和偶像的接觸似乎又遠又近，一堆既驚喜又忐忑、難以求證又驚嚇又生氣又不願意相信的言論流水般出籠。

我和大家一樣，曾經擁有偶像的我，也曾對偶像充滿失落感並且感傷。

陶子說「偶像，是有責任的。」對於追隨者，是的；對於變成別人偶像者，不是的。偶像也是一個普通人，會遇到生老病死，會憔悴老化，會變胖變瘦，有自己人生的過程和無奈。

追星族的想像，本來就只建立在自己的幻想中。

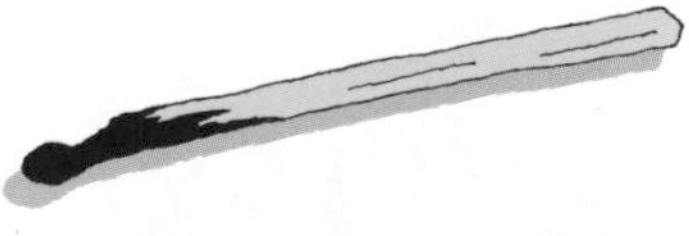

去愛吧，就像不曾受過傷害一樣。

那麼，我感傷什麼？和我的偶像，毫無關係，我感傷的是——那個純眞純粹的自己，以及凋謝的激情青春；如同我曾經刻骨銘心愛過的一個戀人，某一種相近氛圍。

當年我瘋狂愛上一個人，他放一個屁都是香的；他對某個人放電，我都會吃醋到天明。多年後相遇，我不再那麼迷戀，不代表我沒愛過他，只是沒那麼愛了；那些共同擠過一條牙膏、發現彼此內衣掉落的縫線，至今回想，仍寫實無比。

追星族和狂戀者的相似處，是過了賞味期限，就會清醒回到現實；不同處，來自我沒有和偶像共同擠過一條牙膏。

因此當朋友問我：「過去，妳曾瘋狂愛過的人，多年後再相遇，現在還愛嗎？」

我想了半天，最後像擠牙膏般，笑著回答：「每次聽老歌，我還是會很感動啊，只是我很清楚……那些歌曲都已經變成懷念金曲了。」

如同林夕爲王菲塡的一首廣東詞，我很喜歡的五個字「欲愛但忘言」；嗯，欲愛，已無言。

四十歲女人跟二十五歲女孩的周末競賽。

「我好想寫一本小說喔。」

茱蒂說話的方式，習慣有輔助手勢，每一段話的開頭，都會輕輕拍一下男人。說「想寫小說」這句話之前，會把手心覆蓋在男人的手背上，當做開頭，接下來，繼續說：「我覺得我想法好多，又很想寫我的故事，可是情緒好煩喔！像那天我一個人去海邊散步，想到你家在附近，忽然好想喝一杯咖啡……」

海邊散步，又是一段話的起頭，茱蒂的手輕拍著男人擱在椅子上的大腿。

「對啊，妳突然跑來，我家只有三合一咖啡包……」男人說。

「人家那時候眞的好想喝一杯咖啡嘛。」

這一次，茱蒂用手軸輕輕碰一下男人的手臂。

茱蒂的每段話，幾乎是不成章節，也不會說明完整，甚或不太在意別人有沒有聽進去，自顧自講著，聽不出高興或不高興，神情和語氣也感覺不出是否在

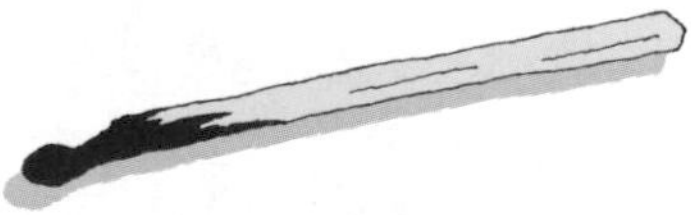

挑逗男人。

以女性直覺而言，茱蒂的話語不算有曖昧的口吻，但是茱蒂的「輔助手勢」倒是沒停過。

茱蒂是男人的朋友，一個二十五歲的女生，模樣甜美，穿著時髦火辣，比男人小二十歲，比我小十五歲。今晚打了電話給男人，問了地址，就說要來，男人詢問我，我沒什麼意見，之前見過茱蒂，感覺還滿可愛。

今夜是我跟茱蒂的第二次見面，也許因爲不熟，茱蒂的眼睛雖然看著我，話題卻都針對旁身邊的男人回應。剛開始，茱蒂說要寫小說，我問茱蒂要寫什麼小說，茱蒂沒有回答，話題立刻轉移到海邊；提起喝咖啡，茱蒂又轉到她最近的工作量好重，她好想辭職，做自己的夢想；問她夢想是什麼，她提起了自己即將搬家。

女人跟女人（或女人跟女孩）這樣的對話方式，老實說，多少疲累，於是我決定當聽眾就好，不再主動提問。

茱蒂拉著男人的手：「來幫我搬家啦，你的車子比較大，幫我搬一點東西啦，我姐還問你會不會來幫我搬家呢？」

男人說：「有什麼問題？」轉頭跟我說：「我跟茱蒂她們家的人都很熟，好像我是她們家的女婿一樣……」男人笑著補充說明，聽起來抱怨，卻也有點小小自傲。

茱蒂又換一個手勢，拍著男人的肩，繼續說：「對啊，你上次還跟我爸我媽一起出遊，那次好好玩喔，沒想到小毛那麼白癡，大晴天還帶雨傘……」

「小毛比較心細啦。」男人說。

「哪有？我覺得他超豬頭！上次訂錢櫃包廂，他都把忠孝跟南京東路都搞錯……」

「小毛是我們一個朋友。」男人立刻和我補充說明。

「小毛是我乾哥啦。」茱蒂眼睛看著男人，做類似說明。

我微笑頷首，服務生過來倒酒，問我們是否還要點什麼食物，因爲廚房要收了；此刻，男人卻像發現新大陸問我：「咦，妳染頭髮啦？」

「對啊，上禮拜染的……你好像很少染髮。」我摸了摸頭髮說。

「他的髮質好好，可能是不常染的關係吧。」茱蒂立刻摸了摸男人的頭髮。

「嗯，他髮質很柔軟。」我回應。

茱蒂又用力搓揉男人的頭髮，嚷著：「好討厭喔，你的髮質好好，我的頭髮就很粗……」茱蒂繼續說：「知道嗎？你過生日那天我有想到你，可是我打你手機不通…」

男人笑看我一眼，指著我對茱蒂說：「我生日那天跟她一起過，在這裡……」又對著我笑說：「妳也很少幫我單獨過生日呢，今年很特別呢。」

「我們都忙嘛！不過，你忘了我們還在一起的時候，我可是每年都有幫你過生日喔，跟你那些狐群狗黨一起。」我笑。

茱蒂沒聽見似的，用力拉著看著男人。

「我跟你說喔，我眞的有想到你生日喔！本來想第二天再打給你，可是第二天好忙喔。」

「好嘛，我知道，我知道。」男人笑。

「我是眞的很誠意喔，還想去買一個蛋糕呢……」茱蒂說。

這一瞬間，我眞的累了，對於毫無交集的對話線條，原來想當一個稱職的聽眾都不容易。我之前對茱蒂這個年輕女孩並無喜惡情緒，只感覺青春可愛，畢竟才二十五歲，但，今晚一席話，我只能說連剩餘的好感都喪失了。

我跟這個男人分手也八年了，剩下的不過是友誼和工作關係，而男人對年輕思維與青春的肉體充滿新鮮感，是一定的，從男人的各種反應，我揣測他和小女孩的關係，仍只是朋友，畢竟不是第一天認識這個男人，應該說某前男友。

只是身爲女性，我竟然在此時突然很瞭解男人，卻不瞭解女人。

或者說，因爲太瞭解女人，我知道茱蒂並不是因爲喜歡或在乎這個男人才產生這些動作，多半來自慣性，希望自己在女性中被突顯，所以故意張貼那些親密標籤，表示：「我跟他的關係，非比尋常喔。」

四十歲的女人被一個比自己年輕十五歲的女孩當成假想敵、列入「競賽項目」，我是否該感覺榮幸？

一點也不，我其實有點生氣，如果我手邊有膠帶或針線，搞不好會立刻掏出來封住或縫住茱蒂的嘴，因爲難得一個不用工作、可以自在喝酒閒聊的週末夜晚，這個不請自來的小女孩，卻壞了我原本的好情緒。

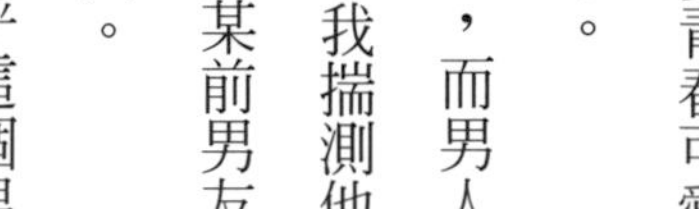

每一件歡愉的事，都有某一面付出的代價。
無論是正面、背面、上面、下面、左面、右面、反面、側面，
以及心底面。

去愛吧，就像不曾受過傷害一樣。

其實，我也不喜歡喝醉時失去記憶。

我喜歡美酒，頂多想享受微醺，偶爾還是會失控並失去記憶，不過，比起韓劇「我叫金三順」那種喝醉失憶在男人身上尿褲子、嘔吐……讓我想起喝醉做過的蠢事，忍不住要偷笑和慶幸「我沒那麼糟」，哈哈。

雖然只是一部韓國偶像劇，竟然充滿安慰感啊。

我想，像我有這種心情的女人，可能有幾億喲，我說華人市場，包括盜版市場。

去愛吧，就像不曾受過傷害一樣；
跳舞吧，就像誰都沒有看到一樣；
去愛吧，就像不曾受過傷害一樣；

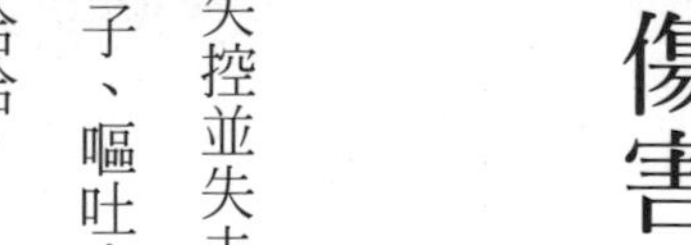

唱歌吧，就像沒有人聽一樣；
工作吧，就像不需要錢一樣；
生活吧，就像今天是最後一天一樣。

這段像詩又像文案的句子，出現在韓劇「我叫金三順」第十五集，劇中一個公車站旁邊豎立的廣告看板上的文字。

女主角金三順在傷心的時候心底唸著OS，眼眶泛出淚光。然後，內心說：「說實話，我也想這樣戀愛，假裝不曾受過一次傷害，認眞的愛一次，可是結局卻成了那樣，我眞想改改那文章。」哈。

那瞬間，我對於金三順「想改文章」的情緒，心有戚戚，即使知道所謂「愛情偶像劇」，劇情一定會給觀眾一個圓滿幸福的交代，可是閱讀偶像劇的人，事實上都在閱讀或悅讀自己的心吧，渴望知己，胡亂找一個可解釋的好答案。

比如：看著日劇「螢之光」，發現世界上還有和自己一樣「假日寧可睡大覺，也懶得出去約會」的懶散魚乾女，立刻對號入座；看著「長假」，心想不順遂時期的自己，好吧，就當作放長假；看著「白色巨塔」，看見人性的善惡模糊界線，思考起自己的人生價值觀；看到「咖啡王子一號店」，回憶起初戀的時候，也曾那樣甜蜜地傻笑著；看到「金三順」，那個胖胖的兇悍的直率的二十九歲女人，想到不完美的自己，一樣會喝醉、會放屁、每天擔心體重仍割捨不了美食，於是學蛋糕師傅金三順說術語：「放發酵粉的時候會很快發酵；而沒放的時候，麵粉會自我呼吸膨脹。我覺得那個太可愛了，我要做沒放發酵粉的人。」

「沒放發酵粉的人？」意思是不會因爲環境強迫自己改變的人。

那麼，每個人都想做沒放發酵粉的人吧，認爲那才是眞實的自己。更直率說，我可是沒有整形過的人，我可是自然的，沒經過發酵狀態的哦。即使戀愛中，也不想為誰而改變，這是最真實的我。

當然啦，「當一個沒放發酵粉」的人，這想法多少自以爲是，只有偶像劇滿足我們。更不可否認，閱讀偶像劇的族群，女性居多。

於是，才會有對號入座的「魚乾女」的女性好友們。

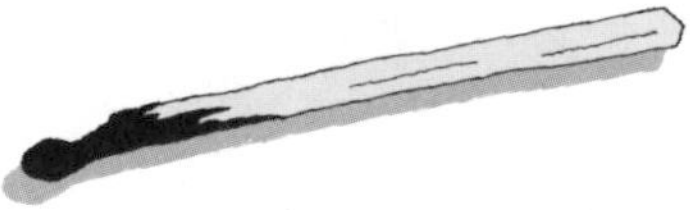

去愛吧，就像不曾受過傷害一樣。

我常皺眉頭，心想：「這世界上，不只有魚乾女，還有魚乾男啊，甚至曬乾了出門。對於缺乏水分的男人……不是單身男才缺少水分，許多女人的男友和老公都氣候乾旱，害女人勉強出門狂歡，不知講些什麼，只好拚命喝水……。」

「說穿了，人都是以自己的方式去了解對方，以自己的方式去理解、去拼湊，所以到最後，都不知道他是什麼樣的人了。」

「果然，我就是一個自以為是的人……既好笑又溫柔，而且會臉紅。」

我終於在此刻大笑出聲，因爲，也閱讀到自己的心情。

在韓國超過百分之五十收視率的偶像劇「我的名字叫金三順」，整部戲充滿女性自問自答，有一些寂寞、有許多藉口、不肯放棄、自我安慰，卻非常眞實、細緻。

「我叫金三順」確實不失爲一部「勵志偶像劇」的目的，即使具備了偶像劇需有的戲劇芭樂鋪陳：富家男和貧窮女，這樣一個三十歲被男友拋棄又胖又粗魯的窮女人遇上一個二十七歲受過傷害俊美的富家男等等情節，就像某種「麻雀變鳳凰」故事，滿足所有女性的夢。

但我私以爲，有意思的，是劇中雖擁有一堆芭樂元素，卻又充滿細膩橋段，並沒有老套的把「癌症」「過去美好回憶」「門不當戶不對」「欠債威脅」「誤會」，變成強悍主軸，這讓我充滿驚喜感。

「我跟你們那一群是不一樣的，請不要做出讓我誤會的事。」

「我是你的家具嗎？你這麼喜歡你的家具嗎？」

「不要讓回憶留下污點，灑脫地，瀟灑地離開吧。留下美麗的背影。」

這是金三順的台詞，而金三順的七個戀愛原則，說眞的，也非常通俗，就算不是貧窮女遇上富家公子，女人遇到的只是一般通俗男人，這些戀愛中想做的事，幾乎是一般女生戀愛時渴望的小小夢想。「我叫金三順」劇中畫面卻以倒敘方式敘述，非常可愛。

金三順戀愛時，一定要做的七件事：

第七：手牽著手逛大街。

第六：手機畫面是情侶的照片。

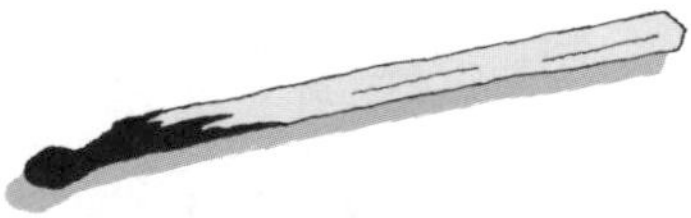

去愛吧，就像不曾受過傷害一樣。

第五：一起坐快車去釜山。

第四：要有勇氣在大庭廣衆下，對所有的人說：「我愛你。」

第三：邊看恐怖片邊親熱。

第二：買情侶戒指。

第一：能驕傲的介紹給家人和朋友說：「這是我男朋友」，「這是我女朋友。」

我想，我會非常喜歡「我叫金三順」這部韓劇，並非是那些芭樂橋段和老套的愛情公式，而是這部戲眞的充滿太多「不迂迴的戀愛思考方式」和「直率坦直的對白」，那是一般平凡的女人和平凡的男人談戀愛都會有的心情，我們也都可能在新感情發生時，遇到戀人的前女友或遇到自己的前男友。

「回憶是回憶，回憶是沒有任何力量的。」

「不是愛了，也不是留戀，也就……那樣……和我一起度過三年青春的人，當然不可能一下子當作什麼事都沒有發生過一樣。只是覺得那段時間很可惜，很苦澀，覺得厭煩，沒什麼好懷念的，也不想再回到那個時候。」

哈哈，金三順這樣說時，我再度大笑出聲。

因爲這些話，確實不經修飾，很多人都會有共鳴。也讓我在經過一次偶像劇洗禮中，思考起自己對過去戀人：「我其實有很多話都沒說清楚吧？」我意思並非什麼傷人的話語，而是坦率的情緒。

為什麼我無法那麼直率呢？

其實說出口，和現在又有什麼差別呢？

我的自尊早該跟隨消逝的戀情一樣不見了才對。

這一刻，倒是二十五歲的網友小兔忍不住坦白跟我說：「其實，我不懂這樣的愛情觀，因爲我從來沒害怕過相愛。」我第三次大笑出聲。

因爲我所認識九年的小兔，是特殊的案例，她喜歡的男人都是自己千辛萬苦追來的。

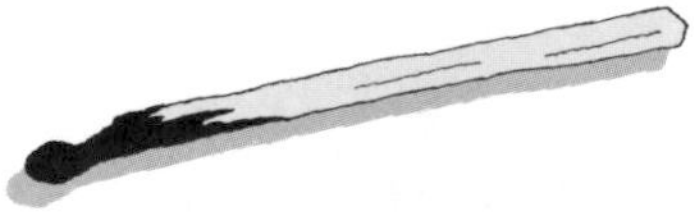

去愛吧，就像不曾受過傷害一樣。

她啊，其實就是一個金三順。所以，她無法體會戀愛中那種畏怯擔憂心情，對於減肥和美食的心情，則極有感受，呵。

而大部分的女人，雖經常和體重拔河，事實上，在戀愛中，可都不像金三順這麼勇敢直接啊，我也是。

我們都渴望「去愛吧，就像不曾受過傷害一樣」，去遇到一個人。

國家圖書館出版品預行編目資料

去愛吧！就像不曾受過傷害一樣 / 水瓶鯨魚圖文.
——初版——臺北市：大田，民98
面；公分.——（美麗田；112）

ISBN 978-986-179-139-5（平裝）

544.37　　98013643

美麗田 112

去愛吧！就像不曾受過傷害一樣

水瓶鯨魚◎圖文

圖文經紀：出色創意 有限公司 PumpkinCreative.com

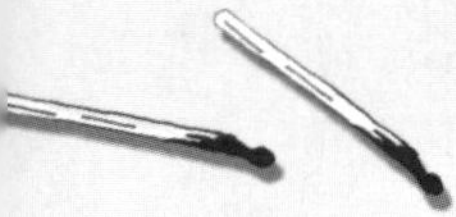

發行人：吳怡芬
出版者：大田出版有限公司
台北市106羅斯福路二段95號4樓之3
E-mail:titan3@ms22.hinet.net
http://www.titan3.com.tw
編輯部專線（02）23696315
傳眞（02）23691275
【如果您對本書或本出版公司有任何意見，歡迎來電】
行政院新聞局版台業字第397號
法律顧問：甘龍強律師

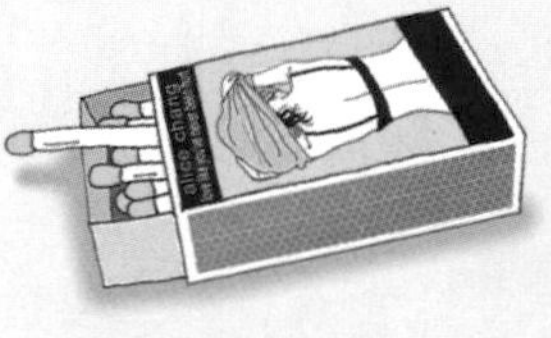

總編輯：莊培園
主編：蔡鳳儀　編輯：蔡曉玲
企劃行銷：蔡雨蓁　網路行銷：陳詩韻
校對：陳佩伶 / 蘇淑惠 / 水瓶鯨魚
承製：知己圖書股份有限公司・(04)23581803
初版：2009年（民98）九月三十日
定價：新台幣 280 元

總經銷：知己圖書股份有限公司
（台北公司）台北市106羅斯福路二段95號4樓之3
電話：(02)23672044・23672047・傳眞：(02)23635741
郵政劃撥：15060393
（台中公司）台中市407工業30路1號
電話：(04)23595819・傳眞：(04)23595493

國際書碼：ISBN 978-986-179-139-5 /CIP: 544.37 / 98013643

Printed in Taiwan

廣 告 回 郵
北區郵政管理局登記證北台字1764號
免 貼 郵 票

To：大田出版有限公司　編輯部收
地址：台北市 106 羅斯福路二段 95 號 4 樓之 3
電話：(02) 23696315-6　傳真：(02) 23691275
E-mail：titan3@ms22.hinet.net

＊請沿虛線剪下，對摺裝訂寄回，謝謝！

From：地址：

姓名：

大田精美小禮物等著你！

只要在回函卡背面留下正確的姓名、E-mail和聯絡地址，
並寄回大田出版社，
你有機會得到大田精美的小禮物！
得獎名單每雙月10日，
將公布於大田出版會員討論區與「編輯病」部落格，
請密切注意！

大田會員討論區：http://discuz.titan3.com.tw/index.php
大田編輯病部落格：http://titan3.pixnet.net/blog/

智　慧　與　美　麗　的　許　諾　之　地

＊請沿虛線剪下，對摺裝訂寄回，謝謝！

去愛吧，就像不曾受過傷害一樣；跳舞吧，就像誰都沒有看到一樣；
去愛吧，就像不曾受過傷害一樣；唱歌吧，就像沒有人聽一樣；
工作吧，就像不需要錢一樣；生活吧，就像今天是最後一天一樣。
——馬克吐溫

讀 者 回 函

你可能是各種年齡、各種職業、各種學校、各種收入的代表，
這些社會身分雖然不重要，但是，我們希望在下一本書中也能找到你。
名字／＿＿＿＿＿＿＿＿ **性別**／□女 □男　**出生／**＿＿＿年＿＿＿月＿＿＿日
教育程度／＿＿＿＿＿＿＿＿＿＿＿＿
職業：□ 學生　□ 教師　□ 內勤職員　□ 家庭主婦
□ SOHO族　□ 企業主管　□ 服務業　□ 製造業
□ 醫藥護理　□ 軍警　□ 資訊業　□ 銷售業務
□ 其他＿＿＿＿＿＿＿＿＿＿
E-mail/＿＿＿＿＿＿＿＿＿＿＿＿＿＿＿＿＿＿ 電話/＿＿＿＿＿＿＿＿＿＿
聯絡地址:＿＿＿＿＿＿＿＿＿＿＿＿＿＿＿＿＿＿＿＿＿＿＿＿＿＿＿
你如何發現這本書的？　　　**書名：去愛吧！就像不曾受過傷害一樣**
□書店閒逛時＿＿＿＿書店 □不小心在網路書站看到（哪一家網路書店？）＿＿＿＿
□朋友的男朋友（女朋友）灑狗血推薦 □大田電子報或網站
□部落格版主推薦＿＿＿＿＿＿＿＿＿＿＿＿＿＿＿＿＿＿＿＿＿
□其他各種可能，是編輯沒想到的＿＿＿＿＿＿＿＿＿＿＿＿＿＿＿
你或許常常愛上新的咖啡廣告、新的偶像明星、新的衣服、新的香水……
但是，你怎麼愛上一本新書的？
□我覺得還滿便宜的啦！ □我被內容感動 □我對本書作者的作品有蒐集癖
□我最喜歡有贈品的書 □老實講「貴出版社」的整體包裝還滿合我意的 □以上皆非
□可能還有其他說法，請告訴我們你的說法

＿＿＿＿＿＿＿＿＿＿＿＿＿＿＿＿＿＿＿＿＿＿＿＿＿＿＿＿＿＿＿＿＿＿＿＿
你一定有不同凡響的閱讀嗜好，請告訴我們：
□ 哲學　□ 心理學　□ 宗教　□ 自然生態　□ 流行趨勢　□ 醫療保健
□ 財經企管　□ 史地　□ 傳記　□ 文學　□ 散文　□ 原住民
□ 小說　□ 親子叢書　□ 休閒旅遊　□ 其他＿＿＿＿＿＿＿＿＿＿＿＿

一切的對談，都希望能夠彼此了解，
非常希望你願意將任何意見告訴我們：

大田出版有限公司編輯部 感謝您！

i let love in